龍應台演講集 上

沙漠玫瑰，怎麼開花

龍應台

序

一道浪不是一個海洋

我其實害怕演講，因為每一次的演講，為了不辜負那親身來聽講的人，都要花很多、很多的時間準備。而且，通常一個題目只講一次，不重複。如果時間就是金錢的話，那麼演講比文章可能成本更高，不敢多做。

而且，任何前台的燈光亮起，都有台後的孤僻症發作。在擔任公務員的高壓時期，有一次演講，大廳已經千人坐滿，部長座車開到後台入口處停下來，推開車門就要直接上台了，我跟司機說，等一下，讓我先哭一分鐘。

一場演講結束之後，大綱或草稿就被放進某個剛好在手邊的抽屜，轉頭就忘了。少數的，在演講後，整理出文字刊登，刊登後，也忘了。

所以寫作四十年來，這是第一次出演講集。編輯花了洪荒之力才把散置在各處、遺忘於抽屜的演講資料給找齊收攏了，我又花了好大功夫重新閱讀，一一檢視，捨棄了百分之八十，留下的文字進入這兩集，是我覺得，在時光的凶狠淘洗之後，意義非但不減少，反而更「驚悚」的幾篇。

譬如，二〇一〇年在北京大學的演講，談「文明的力量」。雖然主辦方一直緊張著，擔心演講會被臨時取消，我甚至於在步入講堂、馬上要開講的前幾分鐘，還覺得不可能上得了台；在那樣的時空下，竟然能夠在滿堂的鴉雀無聲中，平平靜靜地說：

如果說，所謂的大國崛起，它的人民所引以自豪的，是軍事的耀武揚威，經濟的財大氣粗，政治勢力的唯我獨尊，那我寧可它不崛起，因為這種性質的崛起，很可能最終為它自己的人民以及人類社區帶來災難和危險。

誰又在乎血濃於水？至少我不那麼在乎。如果我們對於文明的尺度完全沒有共識，如果我們在價值的基座上，根本無法對話，「血濃於水」有意義嗎？

二〇一〇年的北京，還容許一個台灣人在那片土地上，誠懇地說話，台下的人，從容地聆聽。

很少人能想像十年後的滿江寒氣、遍地肅冷。

二〇〇四年，在香港大學的演講，題目是：香港，你往哪裡去？

二十年後的今天讀來，覺得背脊發涼：

中國，不是不可以愛。英國殖民者曾經多麼防備你去愛它，連鴉片戰爭都一筆帶過。但是，中國值得香港人去了解、去愛的，是它的法官還是它的囚犯？是它的軍隊還是它的人民？是唐詩宋詞還是黨國機器？是它的土地還是它的宮殿？香港如果要對中國做出真正重大的歷史貢獻，是去順從它還是去督促它？

那一年，才剛卸下台北市政府的公職，到香港不久，那天的演講中，我說：

別再告訴我「香港人雖然沒有民主，但是有自由」，因為沒有民主保障的自由是假的自由，它隨時可以被你無法掌握的權力一筆勾銷。

暗夜重讀，悲從中來。

一九九九年五月，在台大法學院演講，挑選的主題是：政治人的人文素養。為什麼選這個題目？因為流行的戲謔說法是，台大法學院「出產最多危害社會的人」，它專門為台灣生產政治領導人。「二十五年之後，」我半認真地開場，說，「當你們之中的諸君變成社會的領導人時，我才七十二歲，我還要被你們領導，受你們影響，所以『先下手為強』，今天先來影響你們。」

對法學院的學生談文學的重要。文學，有如一排湖畔白楊樹在水裡的倒影，告訴你不能只看見岸上的實體，也要看見水裡的虛體。哲學，是思辨的鍛鍊，讓你在世事的迷宮裡，認出北極星找到方向。史學，像一朵沙漠玫瑰，從枯槁到盛開，看到過去才認識現在。我們需要有人文素養的政治人物，因為影響眾人生命的政治人物，必須擁有「真誠惻怛」之心。

幾乎二十五年過去了。政治人物的人文素養——怎麼說呢？

二〇一二年，在溫哥華的英屬哥倫比亞大學演講，面對來自台灣、中國大陸、香港、星馬、北美的華人濟濟一堂，我表達自己對「華文世界」的憧憬：

想像這樣的未來，華人的駐市作家能從北京到新加坡，從成都到台北，從台南到吉隆坡，整個華文世界都是作家、作曲家、畫家、思想家的自然國土，而中文就是他唯一的護照。

十年後，在戰爭的陰影下回眸，這樣的文化想像竟然像一場暑熱中的昏睡囈語。

但是，別搞錯了，我一點都不覺得，人類是倒退的。從一個浪尖到浪谷，當然是一個下墜趨勢，可是浪谷接下去就是下一個浪起，何況，一道浪不是一個海洋，海洋真正的起伏高度，我們往往看不見。

演講大多是對年輕世代的談話，在世代的相互懷疑中，有一件小小的事情給了我「當頭棒喝」。

二十歲讀大學的安德烈，站著、走著、坐著、躺著，都塞著耳機。我不說話，但是心裡不以為然。現代科技把年輕人推向影音，這是什麼「娛樂到死」的時代啊。有一天，他突然長長舒一口氣，兩腿伸直了，摘下耳機，興高采烈地轉頭對我說：「聽完了。」

「聽完什麼？」

他聽完了一整本吉朋寫的《羅馬帝國衰亡史》。

那一本厚厚的書，在我的床頭，放了大半年，只看了幾頁，書封一層白花花的灰塵。

二〇一八年在台北為「天下雜誌」做的一場演講中，面對幾百位我這個世代的部長、市長、局長、董事長、校長、執行長、集團主席、創辦人，我說：

我曾經代表體制。出版產業就是我的管轄範圍。如果說，我這個嬰兒潮世代的人，完全不清楚科技如何改變了知識生產、知識傳播、知識消費的基本原理，而我又是個決策者、管理者；那麼，年輕世代不信任我，他完全沒道理嗎？

……誰說網路世代比我們不在乎道德、不講究責任呢？網路新科技給了他們一個知識庫，可能使得他們比我們這一代人有更多方位的知識，更寬闊的全球視野，他們可能比我們更有能力去實踐道德責任。

不管戰爭會不會爆發，一道下墜的浪不是一個海洋，我們太需要傾聽了。我們需要傾聽不同世代的人，需要傾聽大海對岸的人，需要傾聽自己不那麼喜歡、不那麼贊同的人，需要傾聽從來不曾拿正眼瞧過的人。

演講，其實就是濟濟一堂燈光下「真誠惻怛」的相互傾聽。

特別收錄

北京未開一槍，已給台灣社會帶來裂痕

龍應台應《紐約時報》邀稿所寫
原文為英文，於二〇二三年四月十八日刊出。
中文版為紐時所譯，部分用語與台灣習慣不同，基於尊重紐時，保留全文。

台灣台東——我在台北的一個朋友最近在Facebook上寫了一篇充滿激情的帖子，敦促台灣的年輕人做好與中國開戰的準備。他認為，面對中國的奪島威脅，唯一的辦法是靠實力；其他一切都是幻想。儘管已是花甲之年，他還是發誓只要有需要，他會拿起武器。

這種情緒在台灣之普遍令人感到不安，我私下給他發訊息說，實力應該只是台灣戰略的一部分，我們的政治人士和其他公眾人物應該表現出真正的勇氣，與中國接觸，以某種方式緩和局勢。當一個更強的霸凌者威脅你的時候，難道不應該先嘗試去緩和局勢嗎？

「不要做投降派，」他反駁。

從這種友人之間的交鋒可以看到，中國未開一槍，就已經對台灣造成了怎樣的傷害。中國的侵犯威脅，以及如何應對這威脅，正在分裂台灣社會。指責對方叛國「舔共」，或者反過來，指責對方通過危險的抗中言行煽動緊張局勢已經成為常態。與中國發生衝突的恐懼正在摧毀我們的寬容和文明，以及對我們苦心建設的民主社會的信心。上個月，三十七名現任和前任台灣學者發表公開信，呼籲台北在中美之間走一條中間道路，批評美國的「軍事主義」，他們被攻擊為天真和對中國軟弱。這樣的分歧和懷疑正中中國下懷。

在台灣，與中國開戰的可能性幾乎出現在每一次晚餐談話中。

在最近的一次朋友聚會上，我們討論的焦點是中國是否會轟炸世界上最大的先進計算晶片生產商台灣積體電路製造公司，以摧毀我們最大的經濟資產之一。又或者，美國是否會為了防止台積電落入中國之手而投下炸彈？台灣的核電站是否會因焦土政策而被炸毀，從而令這個島嶼變成對中國毫無用處的放射性荒地？

在一次有軍方和策略人士參加的午餐會上，一位退休的前國防高官說，中國可以直接封鎖台灣，台灣的天然氣儲備只能維持八天左右；中國還可以切斷海底通信電纜；或者通過切斷貿易在經濟上扼殺我們。（台灣約百分之四十的出口流向中國或香港。）他說，中國可以在不訴諸軍事行動的情況下占領這個島。

這一切對台灣人民來說都不是新鮮事。我們在中國的陰影下生活了七十多年，這塑造了我們的身分。

二十世紀五〇年代，當我還是學生的時候，教室的牆上貼滿了「小心匪諜就在你身邊」這樣的警告，最嚴重的侮辱是指責某人串通「共匪」——幾十年來，台灣一直用這個詞來指稱中國共產黨。

雖然我們是島民，但在我們這一代人中，許多人從沒學過游泳，因為我們從小害怕海灘。在內戰中敗給了毛澤東的共產黨後，中國的原國民政府於一九四九年退據台灣。因為擔心遭到入侵，台灣頒布了《戒嚴令》。士兵們經常背著配有閃亮刺刀的步槍在海灘上巡邏，中國那一側海岸附近的島嶼布滿了地雷。我們被警告說，臉塗迷彩、口中銜刀的中共蛙人可能會游上岸來。

我們在這樣的境況之下建起了充滿活力的民主，並取得了經濟成功，為此我們感到自豪。我們已經證明，民主在中華文化環境裡是可以運轉的。這種焦慮、驕傲和堅持的混合是台灣性格的本質，而這一點往往被世界所忽視，世界總是視台灣為中美競爭中的一個棋子。然而我們也是有血有肉的人。

最能體現我們性格的，也許是在鄉村的農耕地區和漁村，那裡遠離台北的政治喧囂，人們總在歡笑，慷慨地送出自家土產，經常主動請客人回家吃晚飯。即使在那裡，對中國的看法也不盡相同，但有一個共同點，那就是樸素的務實主義，我希望，為了我們所有人的利益，這種務實能成為長期的主流觀念。這並不是說普通民眾認為抵抗中國是徒勞的，而是台灣永遠處於中國巨大的引力範圍內，講求實際，甚至與中國和解，可能比戰爭更可取。

我的一個朋友，一位曬得黝黑的蓮霧農民，每天都在黎明前的昏暗中醒來，戴上頭燈，仔細檢查他的果園有沒有害蟲。他害怕被攻擊為通敵，不會公開這麼說，但他支持與中國統一，只是因為這是他祖先的土地。他認為，具有相同傳統、文化和歷史的人應該成為一個國家。他想要一個強大、繁榮、屹立於世界的中國，台灣也是其中的一部分。但是，他也懷揣著在台灣普遍存在的複雜情感，如果戰爭爆發，他仍然會戰鬥，不過是為了他的屋宅、親人和村莊。

我認識的另一位農民潘志民（音）種植印度棗樹，他的果園位於台灣南部。中國是他的主要市場。上屆政府——由對中國更友好的國民黨領導，我曾在其中任職——在二〇一〇年與中國簽署了一項貿易協議，讓他的水果只用幾天就能到達中國的超市。但在有獨立傾向的民進黨於二〇一六年贏得總統選舉後，中國通過一系列禁令收緊了市場准入。潘志民不得不轉向日本，進入市場需要花費長達三週的時間，成本高昂。原本甜美多汁的水果在到達日本人餐桌上時，通常已經沒什麼味道了。

潘志民閱讀了德川家康的歷史，這位十七世紀重要的日本軍事統治者以耐心和毅力著稱，潘志民認為，台灣在面對中國時必須具備這些品質。

「當戰鬥機從頭頂飛過時，你知道我們農民會幹什麼嗎？」他問。「我們彎腰繼續耕種土地。」

我在台灣崎嶇美麗的東海岸有一個住所，太平洋的海浪拍打著岩岸，果樹在陽光下成熟，幾十年來生活的節奏幾乎沒怎麼變過。

在這裡，中國也占據著每個人的思緒。去年八月，中國在台灣周邊海域舉行實彈演習，以表達對時任美國眾議院議長南希·裴洛西訪問台北的憤怒，當時我在家裡，看著台灣戰鬥機在海上呼嘯而過，惹得村裡的狗在灌木叢下亂竄。鄰居吳芳芳（音）發來簡訊。她建議，每戶人家都應該種植不一樣的蔬菜，如果這場軍事演習演變成戰爭，糧食供應中斷，我們可以互相交換。

她問：另外，要不要考慮發電機？

這一帶最盛大的宴會是在漁民陳志和（音）的家裡舉行的，他在漁獲特別多的時候會叫朋友過來。陳志和十三歲時從他父親那裡學會了如何使用傳統方法叉捕劍魚，而他的父親又是從一位日據結束後留在台灣的日本漁民那裡學的，日本於一九四五年結束了對台灣半個世紀的殖民統治。現年五十多歲的陳志和身手敏捷，平衡和瞄準能力令人驚嘆，他站在船頭，隨著船上下起伏，向一條身長六英尺、活蹦亂跳的魚擲出魚叉。

在近日宴請賓客時，陳志和說，如果戰爭爆發，他可以航行到大約八百公里外的日本沖繩島。「有人需要我載一程嗎？」他開玩笑說。有人問申請日本居留身分需要多少錢。還有人說每天吃生魚片會很無聊。我們都笑了。

但陳志和告訴我，如果中國入侵台灣，他會「像烏克蘭人那樣」抵抗，不是因為他對中國懷有惡意——儘管北京的威脅行為讓他反感——而是因為那些靠海為生的人習慣了危險；他們為生存而戰。

我問他兒子會不會拿起武器。

他嘆了口氣。他說，許多年輕的台灣居民——沉迷於手機、社交和其他休閒活動——似乎沒有意識到這種危險。然而，如果有人不想打仗或持不同觀點，他不會去批判。

台灣將於明年一月舉行關鍵的總統選舉，是對抗中國還是尋求和解的問題將在未來幾個月對我們所有人產生重大影響。如果國民黨獲勝，與中國的緊張關係可能會緩和；如果民進黨保住了權力，誰知道呢？

陳志和說，反正都無所謂：美國和中國決定我們的命運。

我問他，如果爆發戰爭，他會怪誰。

「誰先開槍怪誰。」

目錄

龍應台演講集 上

沙漠玫瑰，怎麼開花

在迷宮中仰望星斗

——政治人的人文素養

一九九九年五月十五日，應台灣大學法學院之邀，以「政治人的人文素養」為題發表演講。講稿廣為流傳，被視為近百年來大學演講的經典。

但是你說，到底岸上的白楊樹才是唯一的現實，還是水裡的白楊樹，才是唯一的現實？

在台灣，我大概一年只做一次演講。今天之所以願意來跟法學院的同學，談談人文素養的必要，主要是由於看到台灣解嚴以來，變成如此政治掩蓋一切的一個社會，而我又當然不能不注意到，要領導台灣進入二十一世紀的政治人物裡，有相當高的比例來自這個法學院。總統候選人也好，中央民意代表也好，不知道有多少是來自台大政治系、法律系，再不然就是農經系，是不是？

但是今天的題目不是「政治人物」，而是「政治人」要有什麼樣的人文素養。為什麼不是「政治人物」呢？因為對今天已經四十歲以上的人要求他們有人文素養，是太晚了一點。今天面對的你們大概二十歲，在二十五年之後，你們之中今天在座的，也許就有四個人要變成總統候選人。那麼，我來的原因很明白：你們將來很可能影響社會。但是昨天我聽到另一個說法。我的一個好朋友說：「你確實應該去台大法學院講人文素養，因為這個地方出產最多危害社會的人。」二十五年之後，當你們之中的諸君變成社會的領導人時，我才七十二歲，我還要被你們領導，受你們影響。所以「先下手為強」，今天先來影響你們。

我們為什麼要關心今天的政治人、明天的政治人物？因為他掌有權力，他將決定一個社會的走向，所以我們這些可能被他決定大半命運的人，最殷切的期望就是，你這個權力在手的人，拜託，請你務必培養價值判斷的能力。你必須知道什麼叫做「價值」，你必須知道如何做「判斷」。

我今天完全不想涉及任何的現實政治，讓我們遠離政治一天。今天所要跟你們共同思索的是：我們如何對一個現象形成判斷，尤其是在一個眾說紛紜、真假不分的時代裡。二十五年之後，我們之中的某個人也許必須決定：你是不是應該強迫像錢穆這樣的國學大師，搬出他住了很久的「素書樓」？[1]你也許要決定，在「五四」一百零五週年的那一天，你要做什麼樣的談話來回顧歷史？二十五年之後，你也許要決定，到底日本跟中國跟台灣的關係，戰爭的罪責和現代化的矛盾，應該怎麼樣去看？二十五年後的今天，也許你們也要決定，到底台灣跟中國應該是什麼樣的關係？中國文化在世界的歷史發展上，又處在什麼地位？甚至於，西方跟東方的文明，他們之間全新的交錯點應該在哪裡？二十五年之後，你們要面對這些我們沒有解決的舊的問題，加上我們現在也許無能設想的新的問題，而且你們要帶著這個社會走向新的方向。我希望我們今天的共同思索，是一個走向未來的小小的預備。

人文是什麼呢？我們可以暫時接受一個非常粗略的分法，就是「文」、「史」、「哲」，三個大方向。先談談文學。我說的文學，指的是最廣義的文學，包括文學、藝術、美術，廣義的美學。

白楊樹的湖中倒影

為什麼需要文學？了解文學、接近文學，對我們形成價值判斷有什麼關係？如果說，文學有一百種所謂「功能」，而我必須選擇一種最重要的，我的答案是：德文有一個很精確的說法，macht sichtbar，意思是「使看不見的東西被看見」。在我自己的體認中，這就是文學跟藝術最重要、最實質、最核心的一個作用。我不知道你們這一代人熟不熟悉魯迅的小說？他的作品對我們這一代人是禁書。沒有讀過魯迅的請舉一下手？（約有一半人舉手）魯迅的短篇〈藥〉，講的是一戶人家的孩子生了癆病。民間的迷信是，饅頭沾了鮮血給孩子吃，他的病就會好。或者說〈祝福〉裡的祥林嫂，祥林嫂是一個嘮嘮叨叨近乎瘋狂的女人，她的孩子給狼叼走了。

讓我們假想，如果你我是生活在魯迅所描寫的那個村子裡頭的人，那麼我們看見的，理解的，會是什麼呢？祥林嫂，不過就是一個讓我們視而不見或者繞道而行的瘋子。而在〈藥〉裡，我們本身可能就是那一大早去買饅頭，等看人砍頭的父親或母親，就等著要把那個饅頭泡在血裡，來養自己的孩子。再不然，我們就是那小村子裡頭最大的知識分子，一個口齒不清的秀才，大不了對農民的迷信表達一點不滿。

但是透過作家的眼光，我們和村子裡的人生就有了藝術的距離。在〈藥〉裡頭，你不僅只看見愚昧，你同時也看見愚昧後面人的生存狀態，看見人的生存狀態中不可動搖的無可奈何與悲傷。在〈祝福〉裡頭，你不僅只看見貧窮粗鄙，你同時看見貧窮粗鄙下面「人」作為一種原型最值得尊敬的痛苦。文學，使你「看見」。

我想作家也分成三種吧！壞的作家暴露自己的愚昧，好的作家使你看見愚昧，偉大的作家使你看見愚昧的同時認出自己的原型而湧出最深刻的悲憫。這是三個不同的層次。

文學與藝術使我們看見現實背面更貼近生存本質的一種現實，在這種現實裡，除了理性的深刻以外，還有直覺的對「美」的頓悟。美，也是更貼近生存本質的一種現實。

誰……能夠完整地背出一闋詞？講我最喜歡的詞人蘇東坡好了。誰今天晚上願意為我們朗誦〈江城子〉？（騷動、猶豫，一男學生靦腆地站起來，開始背誦：

十年生死兩茫茫，不思量，自難忘。千里孤墳，無處話淒涼。
縱使相逢應不識，塵滿面，鬢如霜。
夜來幽夢忽還鄉，小軒窗，正梳妝。相顧無言，惟有淚千行。
料得年年腸斷處……

學生忘詞，支吾片刻，一位白髮老先生朗聲接下：「明月夜，短松岡。」博得熱烈掌聲）

你說這短短七十個字，它帶給我們什麼？它對我們的價值判斷有什麼作用？你說沒有，也不過就是在夜深人靜的時候，那欲言又止的文字、文字裡幽渺的意象、意象所激起的朦朧的感覺，使你停下來嘆一口氣，使你突然看向窗外倏然滅掉的路燈，使你久久地坐在黑暗裡，讓孤獨籠罩，與隱藏最深的自己素面相對。

但是它的作用是什麼呢？如果魯迅的小說使你看見了現實背後的縱深，那麼，一首動人、深刻的詩，我想，它提供了一種「空」的可能。「空」相對於「實」，空，是另一種現實。我們平常看不見的、更貼近存在本質的現實。

有一個湖，湖裡當然有水，湖岸上有一排白楊樹，這一排白楊樹當然是實體的世界，你可以用手去摸，感覺到它樹幹的凹凸的質地。這就是我們平常理性的現實的世界，但事實上有另外一個世界，我們不稱它為「實」，甚至不注意到它的存在。水邊的白楊樹，不可能沒有倒影，只要白楊樹長在水邊就有倒影。而這個倒影，你摸不到它的樹幹，而且它那麼虛幻無常：風吹起的時候，或者今天有雲，下小雨，或者滿月的月光浮動，或者水波如鏡面，而使得白楊樹的倒影永遠以不同的形狀，不同的深淺，不同的質感出現，它是破碎的，它是迴旋的，它是若有若無的。但是你說，到底岸上的白楊樹才是唯一的現實，還是水裡的白楊樹，才是唯一的現實？事實上沒有一個是完全的現實，兩者必須相互映照、同時存在，沒有一個孤立的現實。然而在生活裡，我們通常只活在一個現實裡頭，就是岸上的白楊樹那個層面，手可以摸到、眼睛可以看到的層面，而往往忽略了水裡頭那個「空」的，那個隨時千變萬化的，那個與我們的心靈直接觀照的倒影的層面。

文學，只不過就是提醒我們：除了岸上的白楊樹外，有另外一個世界可能更真實存在，就是湖水裡頭那白楊樹的倒影。

我們如果只知道有岸上的白楊樹，而不知道有水裡的白楊樹，那麼做出來的價值判斷很可能是一個片面的、單層次的、簡單化了的價值判斷。

除了岸上的白楊樹外，有另外一個世界可能更真實存在，就是湖水裡頭那白楊樹的倒影。

迷宮中望見星空

哲學是什麼？我們為什麼需要哲學？

歐洲有一種迷宮，是用樹籬圍成的，非常複雜，你進去了就走不出來。不久前，我還帶著我的兩個孩子在巴黎迪士尼樂園裡走那麼一個迷宮，進去之後，足足有半個小時出不來；但是兩個孩子倒是有一種奇怪的動物的本能，不知怎麼地就出去了，站在高處看著媽媽在裡頭轉，就是轉不出去。

我們每個人的人生處境，當然是一個迷宮，充滿了迷惘和徬徨，沒有人可以告訴你出路何在。我們所處的社會，尤其是「解嚴」後的台灣，價值顛倒混亂，何嘗不是處在一個歷史的迷宮裡，每一條路都不知最後通向哪裡。

就我個人體認而言，哲學就是，我在綠色的迷宮裡找不到出路的時候，夜晚降臨，星星出來了，我從迷宮裡抬頭往上看，可以看到滿天的星斗；哲學，就是對於星斗的認識。如果你認識星座，你就有可能走出迷宮，不為眼前障礙所惑，哲學就是你望著星空所發出來的天問。

今天晚上，我們就來讀幾行〈天問〉吧。

天何所沓　十二焉分　日月安屬　列星安陳
何闔而晦　何開而明　角宿未旦　曜靈安藏

兩千多年以前，屈原站在他綠色的迷宮裡，仰望滿天星斗，脫口而出這樣的問題。他問的是，天為什麼和地上下相合，十二個時辰怎樣曆誌？日月附著在什麼地方，二十八個星宿根據什麼排列。為什麼天門關閉，為夜嗎？為什麼天門張開，為晝嗎？角宿值夜，天還沒有亮，太陽在什麼地方隱藏？

基本上，這是一個三歲的孩子，眼睛張開第一次發現，這個世界上有天上這些閃亮的碎石子的時候，所發出來的疑問，非常原始；因為原始，所以深刻而巨大，所以人，對這樣的問題，無可迴避。

掌有權力的人，和我們一樣在迷宮裡頭行走，但是權力很容易使他以為有能力選擇自己的路，而且還要帶領群眾往前走，而事實上，他可能既不知道他站在什麼方位，也不知道這個方位在大格局裡有什麼意義；他既不清楚來時走的是哪條路，也搞不明白前面的路往哪裡去；他既未發覺自己深處迷宮中，更沒發覺，頭上就有縱橫的星圖。這樣的人，要來領導我們的社會，實在令人害怕。其實，所謂走出思想的迷宮，走出歷史的迷宮，在西方的歷史發展裡頭，已經有特定的名詞，譬如說，「啟蒙」，十八世紀的啟蒙。所謂啟蒙，不過就是在綠色的迷宮裡頭，發覺星空的存在，發出天問，思索出路，走出去。對於我，這就是啟蒙。

所以，如果說文學使我們看見水裡白楊樹的倒影，那麼哲學，使我們能藉著星光的照亮，摸索著走出迷宮。

沙漠玫瑰的開放

我把史學放在最後。歷史對於價值判斷的影響，好像非常清楚。鑑往知來，認識過去才能預測未來，這話都已經說爛了。我不太用成語，所以試試另外一個說法。

一個朋友從以色列來，給我帶了一朵沙漠玫瑰。沙漠裡沒有玫瑰，但是這個植物的名字叫做沙漠玫瑰。拿在手裡，是一蓬乾草，真正枯萎，乾的，死掉的草，這樣一把，很難看。但是他要我看說明書；說明書告訴我，這個沙漠玫瑰其實是一種地衣，針葉型，有點像松枝的形狀。你把它整個泡在水裡，第八天它會完全復活；把水拿掉的話，它又會漸漸乾掉，枯乾如沙。把它再藏個一年、兩年，然後哪一天再泡在水裡，它又會復活。這就是沙漠玫瑰。

好，我就把這一團枯乾的草，用一個大玻璃碗盛著，注滿了清水，放在那兒。從那一天開始，我跟我兩個寶貝兒子，就每天去探看沙漠玫瑰怎麼樣了？第一天去看它，沒有動靜，還是一把枯草浸在水裡頭。第二天去看的時候發現，它有一個中心，這個中心已經從裡頭往外頭，稍稍舒展鬆了，而且有一點綠的感覺，還不是顏色。第三天再去看，那個綠的模糊的感覺已經實實在在是一種綠的顏色，松枝的綠色，散發出潮濕青苔的氣味，雖然邊緣還是乾死的，它把自己張開，已經讓我們看出了它真有玫瑰形的圖案。每一天，它核心的綠意就往外擴展一寸。我們每天給它加清水，到了有一天，那個綠已經漸漸延伸到它所有的手指，層層舒展開來。

第八天，當我們去看沙漠玫瑰的時候，剛好我們一個鄰居也在，他就跟著我們一起到廚房裡去看。這一天，展現在我們眼前的是完整的、豐潤飽滿、復活了的沙漠玫瑰！我們三個瘋狂地大叫出聲，因為太快樂了，我們看到一朵盡情開放的濃綠的沙漠玫瑰。

這個鄰居在旁邊很奇怪地說，這一把雜草，你們幹嘛呀？

我愣住了。

是啊，在他的眼中，它不是玫瑰，它是地衣啊！你說，地衣再美，美到哪裡去呢？他看到的就是一把挺難看、氣味潮濕的低等植物，擱在一個大碗裡；也就是說，他看到的是現象的本身定在那一個時刻，是孤立的，而我們所看到的是，現象和現象背後一點一滴的線索，輾轉曲折、千絲萬縷的來歷。

為什麼天門關閉，為夜嗎？為什麼天門張開，為晝嗎？

於是，這個東西在我們的價值判斷裡，它的美是驚天動地的，它的復活過程就是宇宙洪荒初始的驚駭演出。我們能夠欣賞它，只有一個原因：我們知道它的起點在哪裡。知不知道這個起點，就形成我們和鄰居之間價值判斷的南轅北轍。

不必說鑑往知來，我只想告訴你沙漠玫瑰的故事罷了。對於任何東西、現象、問題、人、事件，如果不認識它的過去，你如何理解它的現在到底代表什麼意義？不理解它的現在，又何從判斷它的未來？不認識過去，不理解現在，不能判斷未來，你又有什麼資格來做我們的「國家領導人」？

對於歷史我是一個非常愚笨的、非常晚熟的學生。四十歲之後，才發覺自己的不足。寫「野火」的時代我只看孤立的現象，就是說，沙漠玫瑰放在這裡，很醜，我要改變你，因為我要一朵真正的芬芳的玫瑰。四十歲之後，發現了歷史，知道了沙漠玫瑰一路是怎麼過來的，我的興趣不再是直接的批判，而在於：你給我一個東西、一個事件、一個現象，我希望知道這個事情在更大的座標裡頭，橫的跟縱的，它到底是在哪一個位置上？在我不知道這個橫的跟縱的座標之前，對不起，我不敢對這個事情批判。

了解這一點之後，對於這個社會的教育系統和傳播媒體所給你的許許多多所謂的知識，你發現，恐怕有百分之六十都是半真半假的東西。比如說，我們從小就認為所謂西方文化就是開放的、民主的、講究個人價值、反抗權威的文化，都說西方是自由主義的文化。用自己的腦子去研究一下歐洲史以後，你就大吃一驚：哪有這回事啊？西方文藝復興之前是一回事，文藝復興之後是另一回事；啟蒙主義之前是一回事，啟蒙主義之後又是另一回事。然後你也相信過，什麼叫中國，什麼叫中國國情，就是專制，兩千年的專制。

你用自己的腦子研究一下中國歷史就發現，咦，這也是一個半真半假的陳述。中國是專制的嗎？朱元璋之前的中國跟朱元璋之後的中國不是一回事的；雍正、乾隆之前的中國，跟雍正、乾隆之後的中國又不是一回事的，那麼你說「中國兩千年專制」指的是哪一段呢？這樣的一個斬釘截鐵的陳述有什麼意義呢？自己進入歷史之後，你納悶：為什麼這個社會給了你那麼多半真半假的「真理」，而且不告訴你它們是半真半假的東西？

對歷史的探索勢必要迫使你回頭去重讀原典，用你現在比較成熟的、參考系比較廣闊的眼光。重讀原典使我對自己變得苛刻起來。有一個大陸作家在歐洲某一個國家的餐廳裡吃飯，一群朋友高高興興地吃飯，喝了酒，拍拍屁股就走了。離開餐館很遠了，服務生追出來說：「對不起，你們忘了付帳。」作家就寫了一篇文章大大地讚美歐洲人民族性多麼的淳厚，沒有人懷疑他們是故意白吃的。要是在咱們中國的話，吃飯忘了付錢人家可能要拿著菜刀出來追你的。

我寫了篇文章帶點反駁的意思，就是說，對不起，這可不是民族性、道德水平或文化差異的問題。這恐怕根本還是一個經濟問題。比如說如果作家去的歐洲正好是二次大戰後糧食嚴重不足的德國，德國侍者恐怕也要拿著菜刀追出來的。這不是一個道德的問題，而是一個發展階段的問題，或者說，是一個體制結構的問題。

寫了那篇文章之後我洋洋得意，覺得自己很有見解。好了，有一天重讀原典的時候，翻到一個暢銷作家在兩千多年前寫的文章，讓我差點從椅子上一跤摔下來。我發現，我的「了不起」的見解，人家兩千年前就寫過了，而且寫得比我還好。這個人是誰呢？

> 堯之王天下也，茅茨不翦，采椽不斲，糲粢之食，藜藿之羹，冬日麑裘，夏日葛衣，雖監門之服養，不虧於此矣。禹之王天下也，身執耒臿以為民先，股無胈，脛不生毛，雖臣虜之勞不苦於此矣。以是言之，夫古之讓天子者，是去監門之養而離臣虜之勞也，古傳天下而不足多也。今之縣令，一日身死，子孫累世絜駕，故人重之；是以人之於讓也，輕辭古之天子，難去今之縣令者，薄厚之實異也。[2]

韓非要解釋的是：我們中國人老是讚美堯舜禪讓是多麼道德高尚的一個事情，但是堯舜「王天下」的時候，他們住的是茅屋，他們穿的是粗布衣服，他們吃的東西也很差，也就是說，他們的享受跟最低級的人的享受是差不多的。然後禹當國王的時候，他的勞苦跟「臣虜之勞」也差不多。所以堯舜禹做政治領導人的時候，他們的待遇跟享受和最底層的老百姓差別不大，「以是言之」，那個時候他們很容易禪讓，只不過是因為他們能享受的東西很少，放棄了也沒有什麼了不起。但是「今之縣令」，在今天的體制裡，僅只是一個縣令，跟老百姓比起來，他享受的權力非常大。用二十世紀的語言來說，他有種種「官本位」所賦予的特權，他有終身俸、住房優惠、出國考察金、醫療保險……因為權力帶來的利益太大了，而且整個家族都要享受這個好處，誰肯讓呢？「輕辭古之天子，難去今之縣令者」，原因，不是道德，不是文化，不是民族性，是什麼呢？「薄厚之實異也」，實際利益，經濟問題，體制結構，造成今天完全不一樣的行為。

看了《韓非子．五蠹》之後，我在想，算了，兩千年之後你還在寫一樣的東西，而且自以為見解獨到。你，太可笑，太不懂自己的位置了。

這種衡量自己的「苛刻」，我認為其實應該是一個基本條件。我們不可能知道所有前人走過的路，但是對於過去的路有所認識，至少是一個追求。講到這裡我想起艾略特很有名的一篇文學評論，談個人才氣與傳統，強調的也是：每一個個人創作成就都必須放在文學譜系裡去評斷才有意義。譜系，就是歷史。然而這個標準對二十世紀的中國人毋寧是困難的，因為長期政治動盪與分裂，造成文化的嚴重斷層，我們離我們的原典，我們的譜系，我們的歷史，非常、非常遙遠。

文學、哲學跟史學。文學讓你看見水裡白楊樹的倒影；哲學使你在思想的迷宮裡認識星座，從而有了走出迷宮的可能；那麼史學就是讓你知道，沙漠玫瑰有它特定的起點，沒有一個現象是孤立存在的。

會彈鋼琴的劊子手

素養跟知識有沒有差別？當然有，而且有著極其關鍵的差別。我們不要忘記，毛澤東會寫迷人的詩詞，納粹頭子很多會彈鋼琴、有哲學博士學位。這些政治人物難道不是很有人文素養嗎？我認為，他們所擁有的是人文知識，不是人文素養。知識是外在於你的東西，是材料、是工具、是可以量化的；必須讓知識進入人的認知本體，滲透他的生活與行為，才能稱之為素養。人文素養，是在涉獵了文、史、哲學之後，更進一步認識到，這些人文「學」到最後都有一個終極的關懷，對「人」的關懷。脫離了對「人」的關懷，你只能有人文知識，不能有人文素養。

素養和知識的差別，容許我竊取王陽明的語言來解釋。學生問他為什麼許多人知道孝悌的道理，卻做出邪惡的事情，那麼「知」與「行」是不是兩回事呢？王陽明說：「此已被私欲隔斷，不是知行的本體了。未有知而不行者；知而不行，只是未知。」[3]在我個人的解讀裡，王陽明所指知而不行的「未知」就是「知識」的層次，而素養，就是「知行的本體」。王陽明用來解釋「知行的本體」的四個字，很能表達我對「人文素養」的認識：真誠惻怛。

對人文素養最可怕的諷刺莫過於：在集中營裡，納粹要猶太音樂家們拉著小提琴送他們的同胞進入毒氣房。一個會寫詩、懂古典音樂、有哲學博士學位的人，不見得不會妄自尊大、草菅人命。但是一個真正認識人文價值而「真誠惻怛」的人，也就是一個真正有人文素養的人，我相信，他不會違背以人為本的終極關懷。

在我們的歷史裡，不論是過去還是眼前，不以人為本的政治人物可太多了啊。

一切價值的重估

我們今天所碰到的好像是一個「什麼都可以」的時代。從一元價值的時代，進入一個價值多元的時代。但是，事實上，什麼都可以，很可能也就意味著什麼都不可以：你有知道的權利，我就失去了隱密的權利；你有掠奪的自由，我就失去了不被掠奪的自由。解放不一定意味著真正的自由，而是一種變相的捆綁。而價值的多元是不是代表因此不需要固守價值？我想當然不是的。我們所面臨的絕對不是一個價值放棄的問題，而是一個「一切價值都必須重估」的巨大的考驗；一切價值的重估，正好是尼采的一個書名，表示在他的時代有他的困惑。重估價值是多麼艱難的任務，必須是一個成熟的社會，或者說，社會裡頭的人有能力思考、有能力做成熟的價值判斷，才有可能擔負這個任務。

於是又回到今天談話的起點。你如果看不見白楊樹水中的倒影，不知道星空在哪裡，同時沒看過沙漠玫瑰，而你是政治系畢業的；二十五年之後，你不知道文學是什麼，哲學是什麼，史學是什麼，或者說，更糟的，你會寫詩、會彈鋼琴、有哲學博士學位，同時卻又迷信自己、崇拜權力，那麼拜託，你不要從政吧！我想我們這個社會，需要的是「真誠惻怛」的政治家，但是它卻充滿了利慾薰心和粗暴惡俗的政客。政治家跟政客之間有一個非常非常重大的差別，這個差別，我個人認為，就是人文素養的有與無。

二十五年之後，我們再來這裡見面吧。那個時候我坐在台下，視茫茫髮蒼蒼、齒牙動搖；意氣風發的總統候選人坐在台上。我希望聽到的是，你們盡其所能讀了原典之後，對世界有什麼自己的心得，希望看見你們如何氣魄開闊、眼光遠大地把我們這個社會帶出歷史的迷宮——雖然我們永遠在一個更大的迷宮裡——並且認出下一個世紀星空的位置。

這是一場非常「前現代」的談話，但是我想，在我們還沒有屬於自己的「現代」之前，暫時還不必趕湊別人的熱鬧談「後現代」吧！自己的道路，自己走，一步一個腳印。

1 素書樓：位於台北外雙溪的二層樓院落，為國學大師錢穆故居，一九九二年規劃為學術研究圖書館，定名為「錢穆先生紀念館」。素書樓事件指的是陳水扁在立法委員任內，曾因房屋產權問題堅決要求錢穆遷離，錢先生遷屋不久即去世。一九九八年陳水扁曾為此事公開表示懺悔。

2 韓非《韓非子．五蠹》。

3 王陽明《傳習錄．上卷》。

期待人文港大

二〇〇五年六月十七日，應香港大學畢業生議會之邀，於百年古蹟陸佑堂發表演說。時任香港大學的客座教授，從對港大的「發現」談起。

當外面的世界對香港人的刻板印象是「功利」、「勢利」的時候，
我自己的發現卻是：香港有特別多滿懷理想主義的有心人，
總在尋找為社會奉獻的機會和方式。

我的研究室在儀禮堂，緊鄰著梅堂，是兩座一九一四年的古典紅磚建築，立在山腰上，望著中國南海的方向。老房子和老人家一樣，每一個房間、每一條皺紋裡，都有故事。我很快就發現，儀禮堂和梅堂原來是學生宿舍，高中剛畢業、才十九歲的張愛玲，拖著一口笨重的大皮箱，來到港大校園，就住在這樣的宿舍裡。可是她住過的那一座，早被拆了。

「冷血」的張愛玲

於是我回頭去讀〈燼餘錄〉，大概在一九四四年，張愛玲離開香港兩年後，她追憶在港大的烽火歲月。別的作家寫戰爭，可能是憤慨而激昂的、痛苦而濃烈的，張愛玲卻寫得疏淡空曠，好像從一個凹凸哈哈鏡裡去看一個最神聖的東西，荒謬的感覺被放大到極致：

我們聚集在宿舍的最下層，黑漆漆的箱子間裡，只聽見機關槍「忑啦啦拍拍」像荷葉上的雨。因為怕流彈，小大姐不敢走到窗戶跟前迎著亮洗菜，所以我們的菜湯裡滿是蠕蠕的蟲……[1]

她寫香港淪陷後的「歡喜」：

我記得香港陷落後我們怎樣滿街地找尋霜淇淋和嘴唇膏。我們撞進每一家吃食店去問可有霜淇淋。只有一家答應說明天下午或許有，於是我們第二天步行十來里路去踐約，吃到一盤昂貴的霜淇淋，裡面吱格吱格全是冰屑子。

她尖銳無比地比較上海和香港：

香港重新發現了「吃」的喜悅……在戰後的香港，街上每隔五步十步便蹲著個衣冠濟楚的洋行職員模樣的人，在小風爐上炸一種鐵硬的小黃餅。香港城不比上海有作為，新的投機事業發展得極慢。許久許久，街上的吃食仍舊為小黃餅所壟斷。我們立在攤頭上吃滾油煎的蘿蔔餅，尺來遠腳底下就躺著窮人的青紫的屍首。上海的冬天也是那樣的罷？可是至少不是那麼尖銳肯定。香港沒有上海有涵養。

她對自己的自私和冷酷，有一種抽離，彷彿將屍體解剖學提升到藝術層次去欣賞：

有一個人，尻骨生了奇臭的蝕爛症。痛苦到了極點，面部表情反倒近於狂喜……眼睛半睜半閉，嘴拉開了彷彿癢絲絲抓撈不著地微笑著。整夜他叫喚：「姑娘啊！姑娘啊！」悠長地，顫抖地，有腔有調。我不理。我是一個不負責任的，沒良心的看護。我恨這個人，因為他在那裡受磨難，終於一房間的病人都醒過來了。他們看不過去，齊聲大叫「姑娘」。我不得不走出來，陰沉地站在他床前，問道：「要什麼？」他想了一想，呻吟道：「要水。」他只要人家給他點東西，不拘什麼都行。我告訴他廚裡沒有開水，又走開了。他嘆口氣，靜了一會，又叫起來，叫不動了，還哼哼：「姑娘啊……姑娘啊……哎，姑娘啊……」

她寫黑洞般幽深昏暗的人性，寫人生的荒涼：

> 時代的車轟轟地往前開。我們坐在車上，經過的也許不過是幾條熟悉的街衢，可是在漫天的光火中也自驚心動魄。就可惜我們只顧忙著在一瞥即逝的店鋪的櫥窗裡找尋我們自己的影子——我們只看見自己的臉，蒼白，渺小：我們的自私與空虛，我們恬不知恥的愚蠢——誰都像我們一樣，然而我們每人都是孤獨的。

〈燼餘錄〉像是一個歷盡滄桑的百歲老人所寫，但是當時的張愛玲只有二十四歲。讀〈燼餘錄〉，我發現，使張愛玲的文學不朽的所有的特質，在這篇回憶港大生涯的短文裡，全部都埋伏了。從一九三九到一九四二年間，穿梭在儀禮堂、梅堂、陸佑堂山徑之間一個身形瘦弱的港大女生，可能在同學的眼中看起來「怪怪的」，卻是二十世紀中國文學的大河裡一個高高衝起的浪頭，影響一整代作家，形成「張學」現象。

今天一萬四千個港大學生裡，有多少人熟悉張愛玲的作品？

香港大學本部大樓陸佑堂，落成於一九一二年。

散步的朱光潛

儀禮堂後面，有一條山徑，洋紫荊豔麗無比，百年樟樹浮動著清香，九重葛爛漫攀爬。沿著山徑往上到山頂，可以眺望南海上的山光水色。然後，偶然之間，我讀到朱光潛回憶自己的港大生涯：

我們一有空閒，便沿梅舍後小徑經過莫理遜舍向山上走……香港老是天朗氣清，在山頂上一望，蔚藍的晴空籠罩蔚藍的海水，無數遠遠近近的小島嶼上矗立青蔥的樹木，紅色白色的房屋，在眼底鋪成一幅幅五光十色的圖案……香港大學生活最使我留戀的就是這一點。[2]

朱光潛，是中國當代美學研究領域的開拓者，寫了《悲劇心理學》、《談美》、《文藝心理學》、《詩論》、《西方美學史》、《談美書簡》等等，其中《西方美學史》是中國第一部全面系統闡述西方美學思想發展的專著。在三〇年代的北京，從歐洲留學歸來的朱光潛還在家裡主持一個文藝沙龍，每月集會一次，朗誦中外詩歌和散文，探討辯論詩歌理論與創作的各種問題。沙龍的主要成員有周作人、朱自清、鄭振鐸、馮至、沈從文、冰心、凌叔華、卞之琳、林徽因、蕭乾等人。沙龍所討論和爭辯的問題，又會從小小的客廳裡輻射出去，成為文藝界注目的問題，或者影響到文學和詩歌創作的發展與流變。這是一個中國自由文人的沙龍，摻揉了歐美的風格和眼界，對三〇年代文學，特別是「京派文學」的形成和風貌，都有了催化的作用。

朱光潛回顧自己的學術生涯時說，是港大的四年（一九一八到一九二二），「奠定了我這一生教育活動和學術活動的方向。」

今天一萬四千個港大學生裡，有多少人知道朱光潛是誰？

不吃敵人麵粉的陳寅恪

許地山，知道的人可能稍微多些，台灣人早期也讀過落花生的小品。[3] 胡適之向港大推薦聘請許地山做中文系系主任，在一九三五到一九四一的六年間，許地山不但改革了港大中文系的課程內容，對整個香港的人文教育也花了很大的力氣，四處演講，宣揚國文程度和人文教育的重要。

但是，我以前不知的是，許地山如何把陳寅恪帶進了港大的歷史。

陳寅恪的學成過程出奇的多元豐富，幾乎像歐洲概念裡的「文藝復興人」：一九〇二年他就讀日本弘文學院；同年入讀該校的中國學生還有魯迅。一九一〇年考取官費留學，先後到柏林大學、蘇黎世大學、巴黎高等政治學校讀書。一九一四年因為歐戰爆發而回國。一九一八年再度出國深造，先在哈佛大學學梵文，後又轉往柏林大學攻讀東方古文字學，同時學習中亞古文字和蒙古語。在整個學習期間，他培養了閱讀蒙、藏、滿、日、英、法、德、波斯、突厥、西夏、拉丁、希臘等十餘種語文的能力。

一九二五年陳寅恪回國，成為清華大學國學研究院的「四大導師」之一，與王國維、梁啟超、趙元任共事。一九四〇年，陳寅恪為了應英國牛津大學之聘，離開昆明赴香港，準備轉英國，但是歐戰情勢加劇，他因此「卡」在香港。這個時候，許地山就成了留住人才的中間人。

陳寅恪留下，成為港大教授。香港在一九四一年底淪陷，陳寅恪在飢餓困頓的情況下閉門治學。他最重要的著作之一《唐代政治史述論稿》，就在這段艱苦時期內完成，序末署的是「辛巳元旦陳寅恪書於九龍英皇太子道三百六十九號寓廬」。一代大家的學術巨作，在風雨飄搖的斗室中思索，在港大的校園裡寫成。

梁啟超在推薦陳寅恪為清華國學研究院導師時曾經說：「我也算是著作等身了，但比不上陳先生寥寥數百字有價值。」毛澤東訪問蘇聯，史達林曾問起陳寅恪的狀況，表示關心；史達林的《中國革命問題》中引用了陳寅恪。日本人占領香港以後，據說曾經對陳寅恪做過兩件事：一是送麵粉給他。當時生活物質極端困窘，「大概有日本學者寫信給軍部，要他們不可麻煩陳教授，軍部行文香港司令，司令派憲兵隊照顧陳家，送去好多袋麵粉，但憲兵往屋裡搬，陳先生陳師母往外拖，就是不吃敵人的麵粉。」[4]第二是據說「香港日人以日金四十萬圓強付寅恪辦東方文化學院，寅恪力拒之，獲免」。[5]

今天一萬四千個港大學生中，有多少人聽說過陳寅恪，或者讀過他的著作？

「宣傳共產」的蕭伯納

這時候，或許有人會說，龍應台，你太苛求了。香港是個英國殖民地，對中國文化本來就不熟悉。

但我還有另一個發現。我發現在一九三三年，當北京和上海各界都在準備盛大歡迎七十七歲的「和平老翁」訪華前，蕭伯納（Bernard Shaw）先來到了香港，在港大禮堂做了一次演講。一般坊間的記錄說，蕭伯納不願意正式演講，只是與學生閒聊。閒聊中，蕭氏說，在大學裡，學生首先要學會「忘記」——「我們聽到、學到的東西，許多是不正確的，要引我們入歧途的。在學校必須學，不學畢不了業，但要會忘記，要將學到的東西忘記。」

可是，我又發現，一九三三年二月十四日，「路透電」的消息說，蕭伯納在香港大學演說了，而且報導的標題是「對香港大學生演說——蕭伯納宣傳共產」，中國各報都刊登了消息。

這時，我才將蕭伯納港大之行和魯迅的文章連了起來。魯迅因為蕭氏的港大演說而讚頌蕭伯納「偉大」：

> 但只就十四日香港「路透電」所傳，在香港大學對學生說的「如汝在二十歲時不為赤色革命家，則在五十歲時將成不可能之僵石，汝欲在二十歲時成一赤色革命家，則汝可得在四十歲時不致落伍之機會」的話，就知道他的偉大。[6]

蕭伯納是一九二五年的諾貝爾文學獎得主，他的文學作品、政治思想和對社會的介入，以及他所處的時代思潮，是英語世界裡相當重要的一部分；我們今天一萬四千個港大學生，又了解多少呢？

重續香港人文精神

來港大之後，有了種種發現，但是最大的發現還在於：人們一般不知道港大曾經包容過、孕育過這麼重要的文化遺產。孫中山算是港大畢業生，大家都知道，而且津津樂道，但是我不免有些「小人之心」，猜測孫中山在港大之所以廣為人知，還是一個政治的尺度在衡量價值。大政治家，人們記得；大文學家，大歷史家，大思想家，沒人知道。沒人知道，是不是因為，人們太不在乎人文的價值？

香港大學以它歷史的悠久和財力的豐沛，一直在為香港培育兩種人：優秀的政府官員，優秀的專業菁英，譬如律師和醫生。在香港的價值觀和語境裡，我也注意到，社會關注的核心一直是香港的經濟發展，求經濟發展，做決策的政府官員和影響決策的專業菁英顯然是極為重要的支柱。

可是，就以政治、法律和醫學這三種行業來說，哪一行是可以不以對「人」的深刻認識作為基礎的呢？對「人」不夠了解，政治就不可能為我們帶來真正的幸福；對「人」不夠了解，法律將只是文字的繩索，不可能為我們帶來真正的正義；對「人」不夠了解，醫學的種種研究和發明，脫離人的終極關懷，可能變成技術的競賽、腦力的遊戲，不可能為我們帶來真正的平安。我們所訓練的學生，將來要領導這個社會走向未來的菁英，對「人」，有多少深刻的體會和認識呢？

所謂人文素養，其中包括美學、文學、史學、哲學——剛好是我今天所談到的朱光潛、張愛玲、陳寅恪所代表的，其實都是研究「人」的專門學問。你可以說，人文是所有學科的基礎科學。而如果我們所訓練出來的學生，將來的政府官員、律師、醫生，什麼技術都是一流的，但是獨缺人文素養，獨缺對「人」最深沉的認識，你會不會很不安呢？

當你了解了港大曾經有過朱光潛、張愛玲、陳寅恪、許地山這樣的文化遺產，你就發現，是的，在人文精神上，港大似乎有一個斷層。李焯芬副校長提醒我，這種斷層，和五〇年代開始，殖民政府因為反共懼共而有心推動的「去中國化」是很有關係的。現在香港跟中國人文思想的「斷層」，不只是香港大學的問題，是整個香港的問題。

他的診斷多麼精確。日本殖民台灣時，也是努力培養農業和醫學的專業技術人才，同時壓抑台灣人對思想學科的追求。「去中國化」恐怕還是表面，「去思想化」才更是殖民主義的核心。而今天如果我們意識到問題之所在，加深人文精神的培養，豈不更要成為教育的首要目標呢？

今天的演講，看見校長和幾位副校長都全程在場，看見校友們對港大的前途如此關切，我分外覺得感動。當外面的世界對香港人的刻板印象是「功利」、「勢利」的時候，我自己的發現卻是：香港有特別多滿懷理想主義的有心人，總在尋找為社會奉獻的機會和方式。

一脈相承的聚光之處

因此，今天我有兩個具體的建議。一個是比較小的，就是希望港大花一筆小小的經費，對港大的歷史做一次徹底的研究調查，讓港大的人文史可以浮現：許地山的辦公室門口，陳寅恪的研究室前，被拆掉的張愛玲曾經住過的宿舍遺址，朱光潛曾經流連忘返的校園山徑，孫中山和蕭伯納曾經演講的陸佑堂……每一個蘊含人文意義的點，都可以豎一個小小的牌子，透過歷史告訴我們一代又一代不斷「提著皮箱」到達校園的十九歲的青年：大學，是一個人文精神的泉源。所有的科學、技術、經濟或商業管理的發明，都必須以「人」為它的根本關照。離開了人文，一個大學，不是大學，只是技術補習班而已。

另一個建議是比較大的，那就是，希望港大在人文上做最重大的、最嚴肅的投資，把原來就有的，從朱光潛、張愛玲、陳寅恪、許地山，甚至於蕭伯納，所一脈相傳的人文傳統，一個斷掉了的人文傳統，重新焊接，重新出發。港大在百年前成立之初的宗旨，就是為中國培育人才。今天，我們不必把它狹隘地理解為為中國培育人才，但是為中華文化培育人才，我想是一個當仁不讓的義務。香港或許此刻文化的土壤過於澆薄，但是以香港獨特的地理位置和歷史條件，它比上海和台北都更有潛力面對整個華文世界，搭出一個人文思想的平台，成為文化的聚光之處。

假以時日，或許將來的港大，會栽培出新一代的張愛玲、朱光潛、陳寅恪。不是偶爾南來或者不小心「卡」在香港的文學家、史學家、美學家，而是香港自己土壤裡長出來才氣煥發的人。這，是我所想像的香港大學的責任。

1 張愛玲〈燼餘錄〉，《流言》，一九六八，皇冠出版。發表於《天地》月刊第五期，一九四四年二月。
2 劉蜀永編《一枝一葉總關情》，一九九三，香港大學出版。
3 許地山：一八九三—一九四一，台灣台南人。清末台灣進士許南英之子，「五四」時期新文學代表人物、「文學研究會」發起人之一，筆名落花生。曾於燕京大學、北京大學及清華大學任教，一九三五年出任香港大學中文系主任，一九四一年病逝於香港。
4 陳哲三〈陳寅恪先生軼事及其著作〉，《傳記文學》第十六卷第三期，一九七〇年三月。
5 蔣天樞《陳寅恪先生編年事輯》，一九八一，上海古籍出版。
6 魯迅〈蕭伯納頌〉，《申報》「自由談」，一九三三年三月二十七日。

葉子不離樹

二〇〇八年十月十八日，獲香港大學聘任為首任「孔梁巧玲傑出人文學者」並在港大發表首航演說，暢談少年時的文學啟蒙，此為節錄。

沒有一個創作者是孤立的，
誠如每片葉子都屬於一棵大樹。

文學的家族樹

談到「文學啟蒙」這個詞，「蒙」是不懂的意思，「啟蒙」代表了心中有所疑惑，藉由某人或某事得到啟發。身為一個寫作者，前方自然有許多人啟發過我，而這些人也曾得到別人的啟發，這樣的關聯正是文學譜系的概念。文學譜系的概念，如同一棵家族樹，樹的成長需要空氣、雨水、陽光和土壤，而這棵大樹上的任何一片葉子，即使是離樹幹最遠的那一片，也都能透過追尋它成長的脈絡，了解這文學譜系的神奇與浩瀚。

我在十八歲時第一次接觸英美文學，讀到艾略特在一篇著名的論文《傳統與個人才能》（*Tradition and the Individual Talent*）中，談到傳統的重要性，心中留下不可磨滅的印象。艾略特所談的觀念剛好貫穿了我的寫作生涯，也正是我的信念。我相信，傳統不只是過去，它也是最現代、最當下的事情。身為一個寫作者，每當我寫下一個字，我的思慮中不只有當代人當代事物的影響，我所動用的是數千年以來的傳統，而當代則是我認知體系裡的一部分。

梁實秋在清華大學讀書時，和梁思成是同班同學，因此有機會邀請梁思成的父親梁啟超到清大演講。梁實秋後來回憶，梁啟超走上演講台，第一個動作是兩眼往上一翻說：「本人沒有什麼學問。」接著他又看著台下說：「但是也有一點。」梁啟超的講題是「中國韻文的傳統」，梁實秋生動地描述當時情景：梁啟超往自己的禿頭一敲，詩詞彷彿因此傾瀉而出，講到激動處，更是當場在台上痛哭流涕。梁實秋深受感動，他說自己對文學的興趣，就是從梁啟超那天的演講開始。

如果讀者關注我這二十年來的作品，會知道我的寫作主要有兩種文類，一種是抒情文，另一種是論說文；一種像流水，而另一種像刀劍。透過準備這次的演講，我思考自己的譜系，我的啟蒙之路究竟是如何？

我今天主要分享的是自己少年懵懂時代的文學「初嘗」。在閱讀方面，中國古典文學是比例最重的，另外還包括了台灣的當代文學、通俗文學，翻譯文學的部分則有歌德、尼采和十九世紀俄國及法國的文學作品。無法一一細述，挑大的淺談。

白話文

提到我的文學譜系，胡適無疑是重要的人物。胡適提倡的白話文應該是二十世紀影響最重大的華文文學運動。胡適在一九三五年一月五日，到香港大學接受博士學位，這也是胡適第一次到香港。胡適對香港的第一印象是這樣的：「船到香港時，天還未明，我在船面上眺望，看那輕霧中的滿山燈光，真像一天繁星。校長的家在半山，港大也在半山，在山上望見海灣。」下一段是我最喜歡的：「一月，到處可以看見很濃豔的鮮花；我們久居北方的人，到這裡真有趕上春天的快樂。」[1]「趕上春天」，這簡直是宋詞的說法。胡適震驚於香港的美，並因此認為香港應該是個產生詩人和畫家的地方。但當他讚揚香港之美時，香港人「聽了頗感詫異，他們看慣了、住膩了，終日只把這地方看作一個吃飯做買賣的商場，所以不能欣賞那山水的美景了。」於是他又說，「香港是一個商業的地方，做商人的或許沒有顧及教育或文化的問題」。[2]

中國數千年來的傳統都是使用文言文，胡適從一九一九年開始在中國提倡白話文，我們現在很難理解他當時面對的巨大阻力。陳濟棠在廣東主政期間，重視文言文，反對白話文，甚至要求所有學生讀經。胡適在香港提出批評，認為廣東本來是走在時代尖端的地方，為何在文化、語文方面如此守舊？胡適還說，廣東自古是中國的殖民地，中原的許多文化都變了，大家都開始用白話文了，怎麼廣東還在用文言文？

胡適為何說廣東自古是中國的「殖民地」呢？他指的是歷史上秦始皇派五十萬大軍征服廣東，征服之後還要改造，於是秦始皇派五十萬人殖民廣東，將當地的文化和語言徹底改造。廣東話的古雅，就是那個時候從中原傳過來的。而中原正如胡適所說，語文不斷變異，但廣東的語文卻要求不變。

胡適批評香港的同時，也談到很多期許。一九三五年，他在香港華僑教育會演講時談到，香港最高教育當局想改善大學裡中國文學的教學。當時香港大學中文系剛成立，港大請胡適為中文系延攬師資，他也期望香港能夠成為南方的一個新文化中心。但是，胡適在香港用普通話演講時，台下多半的人都聽不懂，負責記錄者大概也只聽懂了三分之一，造成了文意傳遞上的誤會。胡適離開香港後，隨即前往廣州，在當地安排了十場左右的演講，但他抵達廣州後發現所有演講竟全被取消，甚至還面臨了生命危險，必須盡快離境。為什麼呢？原來廣州當地誤會了胡適在香港的演說，認為「胡適為認人作父。在廣東人民地位言之，胡適竟以吾粵為生番蠻族，實失學者態度」。[3]當胡適不得已轉往廣西後，廣東中山大學有三位教授公開在報紙上刊登他們寫給總司令、公安局長的信，說明「今胡適南履故土，反發盜憎之論，在道德為無恥，在法律為亂賊矣，又況指廣東為殖民……何乃令其逍遙法外，造謠惑眾，為侵略主義張目哉？今聞尚未出境，請

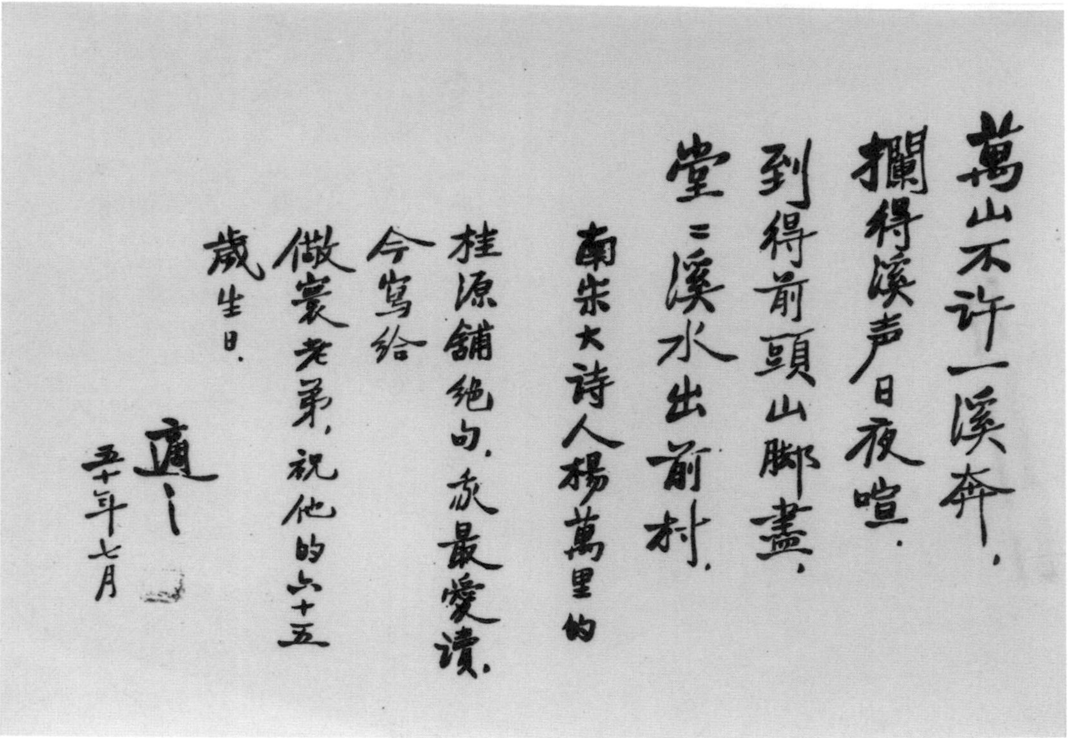
萬山不許一溪奔，
攔得溪声日夜喧。
到得前頭山腳盡，
堂堂溪水出前村。
南宋大詩人楊萬里的
桂源鋪絕句，我最愛讀。
今寫給
儆寰老弟，祝他的六十五
歲生日。
適之
五十年七月

胡適致雷震書

即電令截回，逕付執憲，庶幾亂臣賊子稍知警悚矣。否則老口北返，將笑廣東為無人也。」一九三五年，胡適因為香港大學的關係，就這麼引發了一場文化之戰。

在白話文中成長，是我文學譜系重要的一環。胡適在一九二〇年出版的白話詩集《嘗試集》，至今仍廣泛流傳，他寫的〈夢與詩〉、〈蘭花草〉等詩，後來也改編成歌。胡適除了提倡白話文和新詩之外，影響時代年輕人的還包括他的思想、人格。還記得十七歲時，我讀到胡適寫給雷震的卡片，受到很大的震撼。香港的讀者也許不太知道雷震，他因為抵抗當時國民黨的高壓統治，一九六〇年時被判入獄十年。胡適在一九六一年引用南宋詩人楊萬里的〈桂源鋪〉，傳達他對雷震遭遇的感受。這首詩是：

萬山不許一溪奔，攔得溪聲日夜喧。到得前頭山腳盡，堂堂溪水出前村。

一九六一年台灣那樣肅殺的氣氛裡，胡適透過一首詩，將他的心聲傳達給當時為了自由渴望而坐牢的人。雖然胡適也被史學家批評他未為雷震付出足夠的力量，但是十幾歲的我讀到這首詩，完全不了解政治、雷震和《自由中國》雜誌的種種前因後果，對於國民黨也不了解，但是他想傳達的，當時的我感受到了，我感受到的是美、抵抗與悲壯，我感受到知識分子不願屈服的姿態。政治壓迫和追尋自由，抵抗與服從之間的關係，年少的我是有所感的。

胡適在下筆寫這封信時，和千年以前的楊萬里是在一個譜系裡的；而少年的我讀到胡適寫的這張卡片時，就同時有了胡適、楊萬里在我的心中，當時也聯想起文天祥一二七九年寫的〈正氣歌〉，心中悲切凜然。如同我所說的，沒有一個創作者是孤立的，誠如每片葉子都屬於一棵大樹。

文言文

整個少年期，是我對漢字的著迷期。當時台灣的升學制度使得學生們每天都要考試，但我依靠古典詩詞來自我療癒，常常感嘆原來字是可以這樣用的！十二、三歲時，我讀到樂府詩〈有所思〉，大為驚豔：

有所思，乃在大海南。
何用問遺君？雙珠玳瑁簪，用玉紹繚之。
聞君有他心，拉雜摧燒之。
摧燒之，當風揚其灰。

從今以往，勿復相思。相思與君絕！
雞鳴狗吠，兄嫂當知之。
妃呼豨！秋風肅肅晨風颸，東方須臾高知之。

內容寫有位女子思念一個人，她正在想可以送給對方什麼東西呢？於是她拿了雙珠玳瑁簪，用玉環將其串起來，準備交給那位思念的人。只是對方已心有所屬，她只能傷心地將原本要送的物品燒毀，讓灰燼隨風而逝，告訴自己從今以後不要再思念他了。而另一首樂府詩〈上邪〉也令我印象深刻：

上邪！我欲與君相知，長命無絕衰。
山無陵，江水為竭，
冬雷震震，夏雨雪，
天地合，乃敢與君絕！

文中使用倒裝句，詞句之美令人震撼，年少的我甚至自己將這首詩翻譯成英文寫進日記裡，現在當然不敢拿出來給人看。

在我十六、七歲時，越戰爆發，每天在新聞裡聽到戰爭慘烈、難民流離的報導，讀到樂府詩〈戰城南〉：

戰城南，死郭北，野死不葬烏可食。
為我謂烏：且為客豪！
野死諒不葬，腐肉安能去子逃？
水深激激，蒲葦冥冥。
梟騎戰鬥死，駑馬徘徊鳴。
梁築室，何以南，何以北！
禾黍不獲君何食？願為忠臣安可得？
思子良臣，良臣誠可思，朝行出攻，暮不夜歸。

想起報紙上描寫戰爭的進展和狀況，也曾經問我自己，如果我要寫戰爭，該從什麼角度切入？該從士兵、戰火，還是接到親人戰死的噩耗？那段時間我讀到一首描寫第一次世界大戰的英文詩 *War*，開啟了我對英文詩的興趣和接觸。

There's a soul in the Eternal,
Standing stiff before the King.
There's a little English maiden
Sorrowing.
There's a proud and tearless woman,
Seeing pictures in the fire.
There's a broken battered body
On the wire.

這首詩的作者Woodbine Willy是位牧師，在軍隊裡為戰死的人舉行安魂儀式，他的詩傳神地表達戰爭的無情與殘酷。這在我文學啟蒙的過程裡也是印象深刻的一葉。年輕時讀樂府詩，〈箜篌引〉帶給我很大的震撼，它以短短十六個字，就能描述出一個完整的情節：

公無渡河，公竟渡河。墮河而死，當奈公何！

古朝鮮有個叫做霍里子高的人，有天清晨划船，看到一個披著白髮提著酒壺的狂夫準備投河，狂夫的妻子緊緊追著要制止他渡河。「你不能渡河，你竟然還是渡河了，你真的墮入水中死了，究竟我該拿你怎麼辦？」描寫一個瘋狂的人不顧危險一心求死的過程，竟然只用了十六個字，就可以描繪出情節的轉進與情感的激切轉折，還有那份赴義的癲狂與絕望的美感，光用十六個字，就寫出一個微型的希臘悲劇。這對我是個天崩地裂式的、文學世界的開啟。這首詩在中國和韓國的文學都是非常重要的典故，也啟發了不少後代的重要詩人，李白也以此典故寫出〈公無渡河〉這首詩。[4]

我們的時代和胡適來香港大學的一九三五年剛好相反了，他當年鼓吹白話文飽受壓力，今天很多人說文言文不重要，教科書裡愈少愈好。我想說的是，年輕人，你絕對不要輕看了文言文的必要與重要。文言文的美學密度之高，可以給你的文學養分猶如一杯濃縮果精可以產出十杯果汁；文言文意韻之深，猶如地底扎根，百尺大樹才得昂然而起。它不是速成的，但是淵遠流長，會養綠了你每一片葉子。

綜觀我的文學譜系，所有走在我前面的人，給了我兩樣東西。他們給了我一雙眼睛，使我在黑暗裡依然能看見光明；也給了我無窮的想像力，讓我透過文學，彷彿能在沙裡看見天空，從渺小中看見偉大。在貧窮、戰亂、流離與思想壓抑的年代，當身邊的人無法給予我任何想像力和養分時，我只能從數千年的譜系裡另闢蹊徑，自己去尋找可能超越的途徑。今天無論我做任何事情、任何決定，寫任何文章，心中都能感受到自身「譜系」的存在，對於滋養我的龐大文學譜系，我永遠懷著一份真誠的謙卑。

1 胡適《南遊雜憶》，二〇一三，博雅書屋。
2 胡適〈新文化運動與教育〉，香港華僑教育會演講，一九三五年一月六日，原載於天津《大公報》，一九三五年一月十五日。
3 國立中山大學布告第七十九號，原載於《國立中山大學日報》，一九三五年一月十日。
4 李白〈公無渡河〉：「黃河西來決崑崙，咆哮萬里觸龍門。波滔天，堯咨嗟，大禹理百川，兒啼不窺家。殺湍堙洪水，九州始蠶麻。其害乃去，茫然風沙。被髮之叟狂而癡，清晨臨流欲奚為。旁人不惜妻止之，公無渡河苦渡之。虎可搏，河難憑，公果溺死流海湄。有長鯨白齒若雪山，公乎公乎掛罥於其間，箜篌所悲竟不還。」

文學有用嗎？

二〇一〇年十一月二十日，香港大學經濟及工商管理學院的上海學習中心正式成立，上海復旦大學與香港大學聯合舉辦「傑出學人講座」，邀請龍應台主講「文學有用嗎？」，與港大、復旦的IMBA學生和校友，共享一場文學下午茶。

找回一個夜深人靜時，
與自己靈魂素面相對的能力。

煞到你

有一年，我在法蘭克福看了一場藝術展覽，一進門馬上有一個展品吸引我的注意，讓我站在它面前看了很久。它是玻璃器皿，形狀為一顆眼淚，總共一百個裝著眼淚的玻璃瓶一字排開，展品名稱為「一百個人的眼淚」。

我站在那裡，覺得震撼，很多念頭與問題電光石火一樣地穿過我的腦子。

我想問：「究竟如何取得一百個人的眼淚？」「是一百個人自己取自己的眼淚，再放到器皿裡嗎？」「還是這個藝術家找了一百個人，等到他哭的時候，把眼淚放進器皿裡？」「裡頭裝的眼淚，是什麼性質的眼淚？是喜極而泣，還是傷心欲絕的眼淚？抑或帶著這個小器皿，到廚房裡切洋蔥，或者噴胡椒，噴出來的眼淚再把它們接住？」

當然也可能不是以上這些方法，而是像化學家一樣，把水、鹽等等化學元素組合成一顆百分之百的眼淚，放進裡面。如果是這樣，有很多問題要出現了：作為藝術家，你到底想表現什麼？如果作為一個藏在別人房子角落裡的人，等到他情感激動時，趕快去接眼淚，這種藝術呈現，到底是真實抑或虛偽，界線在哪裡？如果這個眼淚，是洋蔥激出來的眼淚，與痛不欲生時流出來的眼淚，差別在哪裡？如果是用水、鹽與各種化學成分組合成百分之百的眼淚，卻不來自一個眼睛，而且不帶有人的情感，裝在小小的容器裡，它是不是眼淚？

電光石火之間，我明白，藝術與文學的作用是一樣的，藝術透過實體的形式展覽，文學透過文字來「煞到」你。

其實宗教中所謂的禪修和頓悟，所要促成的也不過是那一刹那間的撞擊，使你進入另外一個境界，抽離每天早上起床刷牙、上班、打電話、電腦上網的慣性，把你從非常密集的流程裡抽離出來，得到一個俯瞰的角度，看著自己的存在，以及你與所處的時代、空間之間的關係。「眼淚」這件藝術品促使我進入更深一層的「思」。

第二，我想說的是文學也促成了「辨」，這就回到儒家幾千年前就重視的「思辨」，所謂學問就是「慎思明辨」。

藝術與文學中有份很強烈的作用力，就是「辨」這個字，使你比較有能力分辨最細微的現象與幽微的情感。這種細微的現象與幽微的情感，在你日常生活慣性中，是完全盲目的。譬如你們現在坐在這個地方，眼睛看著我，是否同時感覺到旁邊有拱門，拱門有簾幕，外面有光從簾幕射進來？而你們今天到這裡來的路上，有沒有從感官之中注意到今天的上海，是否有陽光？是什麼樣的陽光？當陽光從外面透過薄紗窗簾照進來，經過過濾，有點朦朧、模糊的，與另外一個時空裡陽光的質感完全不同。在生活的過程裡，我們對細微的現象與幽微的情感往往是視而不見的。而當文學一下子「煞到」你，你會突然有所發現。

「辨」當然也牽涉到文學的一個作用：顛覆。我們在平常慣性的定律裡，對很多事情有刻板、制式、主流、約定俗成的成見；但是，文學有一種魅力，撞到你的時候，會使你赫然發現原來的位置被顛覆了，突然發現事情不應該這麼看。用「思」與「辨」來說，文學的思辨最核心的對象，與傳統的慎思明辨有一點差異，以儒家來說，核心對象是國家、政治，是「天下事」、「風聲、雨聲、讀書聲」。可是，文學的深思與細微的分辨核心對象是：人性。

是屍體還是遺體？

有一位醫學系教授，帶我去看他上解剖學，我從來沒看過屍體被打開，他問我會不會不能承受？我說：「你放心！作為一個寫作的人，什麼都可以承受。」

那堂課有十三個小時長，我從來沒有注意過解剖學是怎麼上的，也不知道解剖學教室裡有沒有氣味，在毫無概念的情況下，他讓我穿上白袍，就進去了。現場是像現在這樣大小的廳，總共十八個檯子，十八具泡過福馬林的屍體，每一個檯子都圍了二十幾個學生，是將來的醫生。

首先，請問我應該用「屍體」還是「遺體」？中間的差別在哪裡？如果說「屍體」的話，中間是否會有很多問題可以繼續往下想？如果說「遺體」的話，是否整個情感都會不一樣了？我想你們應該已經明白我的意思了。這些十八歲的孩子們，將來要成為醫生，他們將來會如何對待我們呢？

那天解剖課的內容，是如何用手裡的刀與鋸子，把胸腔蓋打開。在我看來，他們似乎都是第一次上課的學生。既然不能夠拍照，我只好拿著本子寫生，去畫他們。我的樣子很像教授，當我穿過去的時候，就有學生拿著沾血的鋸子，來問我要從哪裡下刀？

我仔細地去看這十八具遺體，也看見學生在用刀的時候，其實不知道從哪下，一下子切到骨頭，又碰到神經，也不知道組織、神經、皮與肉之間如何分開，就在那裡鋸來鋸去。切出來很多沒有用、血肉模糊的東西，就丟到小桶子裡。老師一桌一桌地巡，告訴他們筋與絡之間的空隙應該如何尋找，如何一刀切入。

記得〈庖丁解牛〉的故事嗎？[1] 梁惠王來看廚子「丁」如何解掉一頭牛，發現他「手之所觸，肩之所倚，足之所履」，一切一割，一收一納之間，完全像音樂。梁惠王大吃一驚，問這是怎麼一回事？神奇的庖丁說，我開始去解剖牛的時候，眼睛看到的是一整頭牛，可是，三年以後，我根本看不到全牛，只看得到局部，局部被放得非常大。到了今天的境界，「以神遇而不以目視」，一頭牛的屍體放在我面前，我不用眼睛去看牠，而是用神遇，對牠的組織、肌理熟悉到一個程度，拿刀的時候，筋骨間的空隙、組織的肌理，筋絡緊密相連之處，刀一下去完全不會碰到，從空隙間一刀而下。

但是，當我在解剖室想著〈庖丁解牛〉時，注意到了，眼前陳列的不是牛。這十八具遺體，每一個人死因不同，性別不同，來處不同。本來以為這些屍體是捐贈的大體，後來老師告訴我，香港捐贈遺體做解剖並不風行，很少人捐贈大體；因此，這十八具都是路倒的無名屍，其中有很多年老的男性、女性。但是，我看到其中一具是相當年輕的歐美白人，赤裸而鮮活，看起來完全像是睡著了。他有什麼樣的人生歷程，會有一天倒在香港的路上，變成一具無人認的屍體，最後躺在解剖檯上，讓一些鋸子都還不知道怎麼拿的孩子們，打開他的胸腔？

這堂解剖課，我們正在教年輕人如何在外科手術變成科學的庖丁，變成對人體結構認識最有本事的專家。可是，這些年輕人將來要面對的不是牛，而是人。在醫學教育裡，在什麼課堂裡會教這些學生操刀技術之外其他的問題？當十八歲的孩子，拿著沾血的鋸子，面對路倒的無名屍，他與屍體之間是什麼樣的生命關聯？

這兩百個穿著白袍的十八歲學生，在那個房間裡面對的是死亡，可是，他這一生的任務將會是面對生命。他們面對死亡的目的，是為了面對生命。我們會在什麼時候教他們思考，生命來自哪裡？又要往哪裡去？他在生命來去之間的位置在哪裡？他「庖丁解牛」的技術學得再好，是否在心裡思索過終極目的是什麼？這些問題在醫學教育裡有教嗎？還是其實不知道從哪裡教起？

我想說的是，這些可能正是文學能夠發揮作用的地方。

透過文學，可以讓手裡拿著鋸子，面對身體的孩子們比較容易認識「人」。否則，我很難想像，技術非常好的現代庖丁，卻對痛苦、絕望、煎熬沒有任何理解與認識；或者對於人性的複雜、懦弱與堅定，從來沒有經歷；甚至也從來就沒人跟他談過背叛、真誠的愛與愛的能量。我很難想像他以後要如何面對必須處理的生命？

我只是用醫學作一個例子。但是，如果你要問：「龍老師，我們是商學院的！我們跟生命、跟人關係不大。」

你們之中有人這樣想嗎？如果有的話，那問題很大。如果對於人心靈的虛偽與真誠、對於愛和恨沒有過認識，那麼正義與不正義放在一起時，如何做細微的辨別？或者當兩種不正義被放在一起的時候？如果從來沒有思索過這一類的問題，這個人將來要做律師、法官、政治領導，是不是很可怕？

在雷曼兄弟（Lehman Brothers）的事情發生之後，香港恆生銀行總行前，每天會看到一個老太太，一個人孤單坐在大樓前面，放一台小小的錄音機，播放類似詛咒的哭調，因為她一輩子的積蓄付諸流水。[2] 她沒有任何其他的方式來伸張自己的委屈，唯一能夠做的，就是像到廟裡燒香的婦女一般，放哭調。請問，商學領域與人的痛苦、幸福真的沒有關係嗎？

看見看不見的

如果你還沒有進入文學的領域，我再用一個例子來說明文學如何讓你看見你平常看不見的東西。

我們對於老年喪偶者，一般的認識是透過以下典型的描述：喪偶的老人得到憂鬱症的比例是有偶老人的兩倍。居喪綜合症最常見的表現是出現多種心理障礙，如沉默寡言、神情淡漠、對周圍事物不感興趣等症狀。有些人症狀長期持續，飲食不振、夜不能眠、面黃肌瘦、呆木遲鈍、迅速蒼老，甚至產生厭世心理而自殺。

如果用文學來認識這種現象或情感，是怎樣的狀態呢？回想一下元稹的〈遣悲懷〉：

閑坐悲君亦自悲，百年都是幾多時。
鄧攸無子尋知命，潘岳悼亡猶費辭。
同穴窅冥何所望，他生緣會更難期。
惟將終夜長開眼，報答平生未展眉。

文學與一般文字是不一樣的。喪偶老人的「症狀」，在這首詩裡呈現了更真切的內在情感。這就是文學的力量。

我們都知道西元七五五到七六一年的安史之亂，課本上大概就是這樣的描述：「對社會的破壞極大，主要是在北方的黃河流域，戶口減掉五分之四，人口減掉三分之二，人民喪亂流離等，整個城空掉，人皆消失。」

這個描述，就讓你體會了那悲慘的景況嗎？

唐肅宗乾元二年，郭子儀與其他九個節度使，帶了六十萬大軍包圍安慶緒，可是指揮太亂，大軍潰敗，必須在洛陽以西到潼關一帶大量抓兵。杜甫剛好從洛陽經過潼關，目睹抓兵的狀況，寫了〈石壕吏〉：

暮投石壕村，有吏夜捉人。
老翁逾牆走，老婦出門看。
吏呼一何怒，婦啼一何苦。
聽婦前致詞，三男鄴城戍。
一男附書至，二男新戰死。
存者且偷生，死者長已矣！
室中更無人，惟有乳下孫。
有孫母未去，出入無完裙。
老嫗力雖衰，請從吏夜歸。
急應河陽役，猶得備晨炊。
夜久語聲絕，如聞泣幽咽。
天明登前途，獨與老翁別。

文學，像照相機一樣拍下一個鏡頭，與之前對安史之亂的說明相較，給你的震動是不一樣的，文字的重量就在這裡。

所以，可以有一種主流敘述，描繪戰爭的偉大，或者光榮的勝利。但是，透過文學，你可以看到大樹林裡的一棵樹是怎麼回事，或者可以看見一棵樹上的一片葉子是怎麼回事。一片葉子從不同角度看，陽光照下來的時候看，雨水打下來的時候看，用各種不同角度的細微看，這只有文學做得到。

與靈魂素面相對

今天，還想與你們分享兩個流亡作家，他們都不是中國人。

「思」與「辨」之間，文學對人性的深刻探討還可以幫助自己認識到存在的處境，得到一種俯瞰的角度，在一個極其安靜的時刻，看自己的生存處境以及處境與時代之間的關係。

大家都知道海涅（Heinrich Heine）的歌曲吧，最有名的是〈羅蕾萊〉（Die Lorelei）。海涅的詩有三千多首被譜成歌——歌德只有一千七百首——詩與音樂結合之後，擴散的力量就更大。海涅在大家的認知中是一個浪漫、抒情的詩人，但並非如此簡單。

想一想當時的背景，一七八〇年代歐洲爆發「法國大革命」，有如原子彈爆發一樣，將政治思潮向外輻射出去。那時的德國還不是一個國家，是由很多獨立的小城邦組成的。在十八世紀德國的語境裡，有一個名詞叫「西方文明精神汙染」，指的就是來自德國的西方——英國與法國——的自由思想與開明的政治改革。一七九七年海涅就出生在一會兒屬德國、一會兒屬法國的小城，但凡在法國統治裡，都是開明政治，德國一搶回來，馬上就進行思想箝制，嚴格控管出版。海涅在成長過程中，講德語卻嚮往法國思想，認為那是先進的文明。他對於祖國——德國——的認同，不是政治上的認同，而是文化上的認同。他曾經寫過充滿愛國情操的詩：

我曾有美好的祖國
高聳的橡樹　溫柔的紫羅蘭
美好如夢
祖國以德語親我，以德語慰我：
（難以想像的悅耳）「我愛你」
美好如夢

但他同時在思考怎麼去對付剝奪他自由的體制，他寫下這樣的詩：

德國審查者們□□□□□□□□
□□□□□□□一堆白痴□□□

海涅以這首中間被挖空的詩抗議當時的政治審查。那時德國各邦有各種言論箝制，其中包括對出版的控制：當局估計大多數買書的人都買不超過三百二十頁的書，因此規定凡是超過三百二十頁的書就不必送審。海涅當時的出版社，就把字體放得特別大，讓每一本書都超過三百二十頁，便可以不送審。

在前一首詩裡，你看到他如何熱愛他的語言、文化和他的祖國，後一首詩裡，他表達強烈的抗議。

現在過了快兩百年，我們都知道後來德國發生了什麼事。回頭看海涅在一八四〇年說過的話，可以看到文學心靈很強的獨立性，不隨波逐流，也因此能透視現實。海涅當時就說，德國這種狂熱的愛國主義，是有一種完全排外的、仇外的基礎，在德國的土地上，愛國主義一定會打敗普世價值。所以當時他呼籲，如果普世價值趕快搶先，說不定還會有希望。

一八一九年，這個進步青年到了柏林。那些年，所有進步的公共知識分子，包括非常有勇氣、熱血奔騰的大學生們，紛紛走上街頭，訴求德國統一。在一個大型的群眾集會裡，一個非常有群眾魅力的演講者慷慨激昂地號召大學生：「凡是不愛國的書，我們把它燒掉！」那些書就在熊熊烈火中被燒掉了。

可是二十幾歲的詩人海涅說：「今天你會燒書，明天你就會燒人！」歷史的災難總是「始於焚書，終於焚人」。海涅一八二一年說的這句話，證諸一九三三年五月十日納粹在柏林焚書，以及後來的大屠殺。這預言令人毛骨悚然。

海涅成為「大預言家」，並不是因為他是多麼了不起的歷史學家或趨勢專家，而是因為他有一顆深刻的文學心靈。

回到前面與大家分享的：文學最深的、最本質的地方，就是文字的魅力會促使你去「思」與「辨」，當你有深刻的思辨能力時，你才可能在二十四歲時看見這樣深沉的東西。

另一個作家，大家可能比較熟悉：米蘭．昆德拉，他在二〇〇九年的作品《相遇》裡說：「小說家永遠在一個人生的實驗室裡面。」

請問在實驗室裡做什麼呢？他永遠在看，永遠在觀察，永遠在思索，永遠在設法做大膽的假設，在推翻自己的前一個假設。

歷史的災難總是「始於焚書，終於焚人」。

小說家不斷在追問一個最根本的問題：「人的存在是什麼意思？」這些思索不僅僅發生在小說家身上，也可以發生在普遍各行各業的人身上，不管讀醫、讀商，從事任何一個行業，選擇任何一種志業，大概都離開不了對人性最深刻的認識。

文學用美、想像與魔幻思維的「撞擊力」，最能夠使我們在最平庸、凡俗、忙碌、無暇思索的環境中，搶下一個慎思明辨的「空」間。說得更準確一點，文學最能夠幫助我們找回在夜深人靜時與自己靈魂素面相對的能力。

1 典出《莊子．養生主》。
2 二〇〇八年，受次級房貸風暴衝擊，美國第四大投資銀行雷曼兄弟在談判收購失敗後宣布申請破產保護，其發行的連動債價值暴跌，導致台灣、香港等地眾多投資者損失慘重。

比夜還黑的心

二〇〇七年六月九日，應邀出席台南成功大學醫學院的畢業典禮，以「制度性教育該教而沒有教的兩件事」為題，期許醫學院學生能培養透視人生的智慧。

卡夫卡給你看的，是這個憂鬱症患者比海還要深、比夜還要黑的內心深沉之處，醫學儀器測不到的地方，他用文學的X光照給你看。

你的獨立日

如果你們期待我今天講的題目是「如何做一個好醫生」，你猜錯了。我不會那麼笨，跟在座傑出的醫學院教授們去比賽講這種題目，我一定輸，我是行外人。

你們今天坐在這裡的身分，究竟是什麼呢？難道僅只是「未來的醫生」這樣單一的身分？不可能吧。我想，一定有很多更寬廣的可能，可以界定今天坐在這裡的你。譬如說，今天是你在經濟上依賴別人的最後一天，也是你人生獨立的第一天。或者說，從今天起，你不再被當作某個學校的學生，某個人的兒女，而是單獨的自己——成功也是你，失敗也是你，墮落時誰也救不了你，從今天起，不再有別人為你負責。我們也可以說，今天的你，是一個人，站在制度性學習的終點，自主性學習的起點。

職業只是一個人人生的一部分，絕不是全部。做醫生的時候，必定同時還有好幾重身分，這些身分不見得比你當醫生的身分來得不重要。譬如，你是一個國家的公民，你是否知道如何做一個好公民？你一定是人家的妻子或丈夫或堅決不婚的情人夥伴，你是否知道如何做一個成熟負責的伴侶？你一定還有幾十年的時間是人家的兒女，你是否知道如何做一個好兒女？你可能很快就要成為別人的父親和母親，你又是否知道如何做好父親和母親？更關鍵的，今天是你的「獨立日」，你是否知道如何做一個獨立的、完整的人呢？

因此，今天是什麼日子？我認為，是你們從幼稚園到大學長達二十多年制度性教育的畢業典禮，同時是自主性教育的開學典禮。因此，我今天要跟你們談的是：制度性教育該教而沒有教的兩件事。

仰觀宇宙之大

首先，制度性教育教你如何與別人相處，卻沒教你如何與「自己」相處。

合群是我們從小到大學校教育中德育的核心，強調的是個人在群體中如何進退，這一點幾乎貫穿整個儒家思想。但除此之外，儒家思想也相當在意個人修身、慎獨的部分，在教育體系以及現代社會中，卻被忽視了。

我們是一個習慣群聚的社會：在行為舉止上，我們喜歡熱鬧，享受呼朋喚友的歡樂；在思想判斷上，我們用「集體公審」或者「拉幫結派」的方式衡量事情；在時間分配上，我們的學習表塞滿課程和活動才覺得充實；在空間運用上，我們無時無刻不在與他者或群體「相濡以沫」。

獨思的時間，獨處的空間，從來不在我們的學程設計裡。

把這個問題說得最透徹的，是清華大學校長梅貽琦。他在一九四一年就指出當時的大學課程設計是有問題的，因為課程以「滿」為目標，不給學生「獨思」的時間：

仰觀宇宙之大，俯察品物之盛，而自審其一人之生應有之地位，非有閒暇不為也。縱探歷史之悠久，文教之累積，橫索人我關係之複雜，社會問題之繁變，而思對此悠久與累積者宜如何承襲擷取而有所發明，對複雜繁變者宜如何應對而知所排解，非有閒暇不為也；人生莫非學問也，能自作觀察、欣賞、沉思、體會者，斯得之。[1]

在你們七年醫學院的學習過程中，諸位想必學到了各種技術，但是，「仰觀宇宙之大，俯察品物之盛，而自審其一人之生應有之地位」，大學是否教了你，難道這一點也不重要？「縱探歷史之悠久，文教之累積，橫索人我關係之複雜，社會問題之繁變」，在解剖學、病理學、臨床課程裡，是否有一點點入門課程？在整整七年的培養中，請問百分之幾的時間，是讓你用在「觀察、欣賞、沉思、體會」之中？

請問，一個不懂得「觀察、欣賞、沉思、體會」的人，可不可能是個好醫生？或者說，一個沒有能力「仰觀宇宙之大，俯察品物之盛」，進而對自己的「存在」狀態產生思索的人，會是第幾流的醫生？

大學課程不容許學生有時間做個人修身的「獨思」，它甚至不允許學生有獨處的空間。四年或七年大學生涯，大半在喧譁而流動的群聚中度過，自己對自己的檢討、探索、深思，難有空間。對此，梅貽琦感嘆極深：

人生不能離群，而自修不能無獨。至情緒之制裁，意志之磨勵，則固為我一身一心之事，他人之於我，至多亦只所以相督勵，示鑑戒而已。自「慎獨」之教亡，而學子乃無復有「獨」之機會，亦無復作「獨」之企求；無復知人我之間精神上與實際上應有之充分之距離，適當之分寸，乃至於學問見識一端，亦但知從眾而不知從己，但知附和而不敢自作主張，力排眾議。晚近學術界中，每多隨波逐浪之徒，而少砥柱中流之輩。

「慎獨」，其實就是在孤獨的狀態中，讓內在的宇宙好好沉澱，以審視自己在環境中的處境，剖析人我之間的關係，判別是非對錯的細微分野。「慎獨」是修煉，使人在群體的喧鬧中保持清醒。「但知從眾而不知從己」的人，不知「人我之間精神上與實際上應有之充分之距離」的人，請告訴我，會是第幾流的醫生？

紐約市長彭博是今年（二〇〇七）紐約市立大學畢業典禮上的演講人。他送給畢業生的「金玉良言」是：「成功的祕訣其實很簡單，就是，你要比別人打拚。如果你比辦公室裡所有同事都早到，都晚退，而且一年三百六十五天沒請過一天病假，你就一定會成功！」

他舉自己的父親作為典範：「我父親就是這樣，他從早幹到晚，一週七天，一輩子從不休息，幹到最後一刻，然後跑到醫院掛號，就地死亡。」

我看了報紙上這段「金玉良言」的報導，不敢置信，心想，會不會這位老兄意在反諷，卻被居心不良的媒體拿來作文章？於是我找出他演講的現場錄影，從頭到尾看了一遍，發現，老天，他真是這麼說的，而且極其嚴肅。

如果你也是以紐約市長這種哲學來培養自己，如果你也覺得一個人要成功，就必須從早到晚拚個不停做個不停，永遠不需要停下來好好思考，與自己對話，從來不保留時間獨處，以審視自己的處境以及自己在人群中的位置究竟為何，那麼，我很恐懼有一天我生病後會落在你的手裡。醫生被稱為醫「生」，而不稱為醫「死」，是因為，他醫的是生命，他必須對「生」要有所理解。

比夜還黑的心

第二，制度性教育教你如何認識「實」，但沒教你如何認識「空」。

我不知道在你們醫學的制式教育裡，有多少文學的培養？你們全都在搖頭，那表示沒有。我認為，文學應該是醫學院的大一必修課程，應該是所有以人為對象的學科的必修基礎學之一，因為文學的核心作用，就是教你認識「人」。

讀過卡繆的小說《瘟疫》的，請舉手一下。

……七十人中只有四個，比例很低。我因為二〇〇三年的SARS爆發而重讀這本小說，小說從一個醫生的角度，描寫一個城市由於瘟疫爆發而封城的過程。

瘟疫傳出時，鎖不鎖城，有太多重大相關決定要做。是什麼樣的訓練得以使一個衛生官員做出正確的決定？醫學技術絕不是唯一的因素。是什麼樣的人格，使一個醫生可以逃走卻決定留下？是什麼樣的素養，使一個醫生能夠面對巨大的痛苦，看穿人性的虛偽，卻又能維持自己對人的熱誠和信仰，同時保持專業的冷靜？

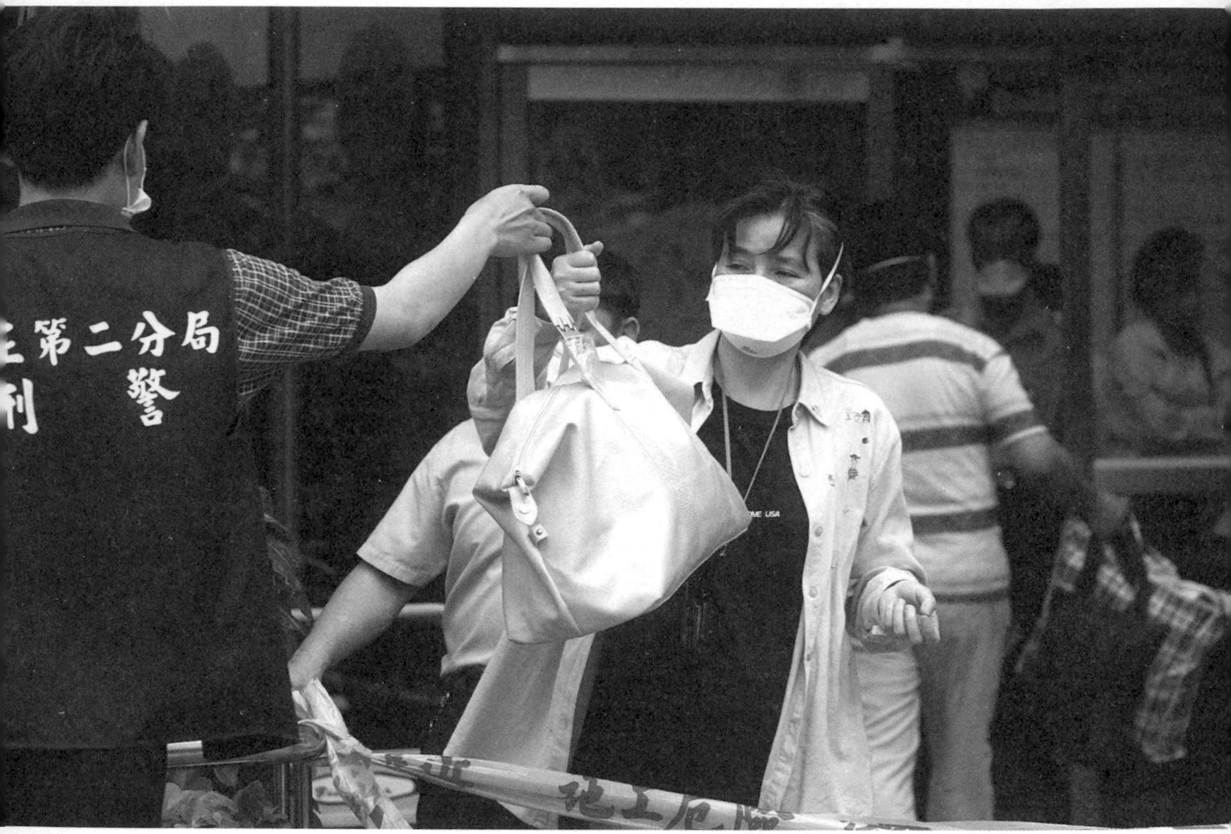

二〇〇三年SARS疫情爆發，台北市立和平醫院全面封閉，所有人員管制出入，由於只進不出，只能託警方轉交行李。

卡繆透過文學所能告訴你的，不可能寫在公共衛生學的教科書裡。醫學的教科書可以教你如何辨別鼠疫和淋巴感染，可是卡繆的文學教你辨別背叛和犧牲的意義、存在和救贖的本質。

多少人讀過卡夫卡的《蛻變》？我覺得《蛻變》也該是醫學院學生的大一必讀。醫學課本會告訴你如何對一個重度憂鬱症患者開藥，但是，卡夫卡給你看的，是這個憂鬱症患者比海還要深、比夜還要黑的內心深沉之處，這是任何醫學儀器都測不到的地方，他用文學的X光照給你看。

文學是心靈的X光，因為它照得到「空」。

分手也是緣分

我發現今天在座的，父母、祖父母的人數超過畢業生，我願意對為人父母的說幾句話。恭喜你們！我幾乎就看見當年的自己，坐在畢業生的位子上，也看見我自己的父母，坐在你們的位子上。

我清楚地記得，我七歲的孩子上小學的第一天，我牽著他的手走到學校，然後看著他背著花花綠綠布滿恐龍的書包，消失在教室門口。他不停回頭看我，我也萬分不捨地痴痴看著他。我也記得十六歲那年他到美國作交換學生，我送他到機場，看著他背著年輕人的背包，消失在入關口。那時候我一直等他回頭看我一眼，但是，他頭也不回，一次都沒有。

於是我逐漸體會到，原來父母子女一場的緣分，就是注定了你此生要不斷地看著他的背影，漸行漸遠。今天，是你們的孩子、孫子的「獨立日」，其實，你們自己新的一課也從今天開始：學習放手，讓他跌倒而不伸手扶他。我從自己的經驗知道，那是多麼多麼難受的一堂課。

但是很快地，這些畢業生也會發現，他們其實從今天開始，也在看著他們父母、祖父母的背影，漸行漸遠，離他們而去。

在這個意義上，畢業確實是人生重大的時刻。對今天在座分屬不同世代的人而言，都是一個奔向前程的時刻，也是一個跟纏綿的記憶、跟溫馨的歷史分手的時刻。今天是畢業，也是開始。我期盼在此後的旅程上，每個人都能夠好好和自己獨處，都能找到文學作為人生良伴，那麼你就會成為一個不一樣的人、不一樣的醫生了。

1 梅貽琦〈大學一解〉，《清華學報》第十三卷第一期，一九四一年四月。

醫生和喇嘛

二〇〇八年十一月二十二日，由醫學人文教育核心團隊主辦的「醫學人文教育研討會」，在陽明山中國麗緻大飯店舉行，獲邀對來自全國各大學醫學院的百名師生演講。

當你真正認識到生命中最痛苦最核心的東西，
你才會開始思考。

當他老去

我在西方世界生活二十六年，一九九九年回到台北市政府工作時，已經離開台灣很久了。那時我白天在議會戰鬥，硝煙滿天，非常忙碌。但在生活中，和工作同樣重要的，還有我那已經二十多年不曾朝夕相處的父母。所以那時就算工作再忙碌，我也一定每天打電話給他們，一定每個月帶他們上台北來看戲或一起做些其他事。但是在這之前，我和父母有二十多年的時光，不曾分享彼此生活的軌跡、彼此經歷的變化，因此當我再度回到他們的生活中，我受到的第一個撞擊，就是父親的「老」。

這個「老」，我有一個印象最深刻的例子。那時聽說父親的眼睛愈來愈看不清，原本沒有特別注意，就和大家一樣，以為老人都是這樣，視力本來就會漸漸退化。但有一天，我少有地、非常專心地凝視我父親的臉，發現他的眼睛縫其實是被眼屎黏住，於是我用棉花棒細心地幫他清理，父親就能看得比較清楚了。我這才發現，很多我們覺得理所當然的情況，其實根本不是那樣，只是因為別人對他們的照顧都很粗枝大葉，長久下來眼睛才會被分泌物黏住。在清理父親眼屎的過程中，我重新上了一堂課：不要把你以為的「老」的現象當成理所當然，那很可能只是因為你根本不曾真正地去看。

除了老，還有「病」。我發現父親的腦子無法指揮他腳的行動，我看得出來他很想走，但是他的腳邁不出去。在我對「老」跟「病」毫無知識的基礎下，我以為只要我鼓勵他，只要我愛他，我帶他走就可以了。所以我兩手牽著他的兩手，告訴他：「來，我們走。」他往前走，我往後走，這樣一步一步地走，在我溫柔的鼓勵下，他確實是動了。我父親是個熟讀唐詩的人，後來我又發現，講「一、二、一、二」時，他走得很慢，我改念「白日依山盡」時，他走得更好。於是，我就念著唐詩，一步一步帶著他走。

「病」到了後來，就是最後階段──「死」的過程。接近最後一個階段時，我很心慌，因為我們家是沒有宗教信仰的。若我們都是基督徒，那麼我們會有很多上帝的語言可以分享，也許我可以讀《聖經》給他聽；若是佛教徒，我就可以跟他分享佛經裡的東西，我就會有語言可以讓他得到安慰。可是我們之間沒有。在他最後的階段，我面對茫茫的天空忍不住自問：為什麼我這樣一個別人認為飽讀詩書的人，到了五十多歲，面臨人生最重要的一課——死亡，竟然連最基本的語言、溝通的工具都完全缺乏？

我這才意識到，在我五十多年的教育裡，不管是國內的、國外的、社會的、學校的，人生中這最重要的一章，從來沒有人教過我。

那時朋友建議我去找一位西藏密宗的喇嘛談談，也許會有答案。談了四十分鐘，走出來時，面對秋天的陽光，我完全是空的，因為他沒有給我任何東西，或者是說他有的是我接觸不到的，我沒有得到我需要的語言。父親臨終那一刻，在國軍八〇二醫院他的床邊，我在他拔管之前，附在他耳邊，用我認為他聽得懂的語言，《莊子》的〈逍遙遊〉和〈齊物論〉，跟他說你可以放手，因為天地很大，生與死可以齊觀，有跟無可以共看。最後，我還是回到他所懂的《莊子》，跟他做最後的溝通、握手、告別。

等到面對母親「老」跟「病」時，我已經不一樣了，因為我已上過這一課。那時母親一直擔心焦慮她沒錢了，但其實她是很受到照顧的。所以我印了很大的「台新銀行存款證明」，向母親證明她有很多存款，下方再用自己的印章，正著蓋、反著蓋、橫著蓋，蓋成官風凜凜的一團，各個地方都放一份，她焦慮時就可以拿出來看，讓她知道自己有幾百萬的存款在銀行裡。

我和深圳的一個朋友交換這個經驗後，這個朋友就在她母親住的醫院病房貼滿了大字報，讓她母親隨時都可以看到大字報上面的內容：「親愛的媽媽：我們深愛您。您的房子、看護、醫藥費，我們全都付了。我們承諾，一定竭盡所能照料您。」下面是孩子的簽名。每當她母親開始焦慮，看到大字報就會安定一些。你們可以發現，像我們這些沒有醫療常識、沒受過心理分析教育的普通人，在看顧父母親的過程中逐漸累積了一些經驗及知識，摸索出一些體會，比如我自己對母親的照顧就比對父親好很多，因為我學習到了很多東西。

在我母親人生最後的階段，我了解到她剩下的時間不多了，二〇〇八年大年初三的深夜，我乾脆幫她穿得暖暖的，帶她上街去喝豆漿。這裡面描述的母女相處情境，是一個女兒已經上過父親「生老病死」那一課，再來對待母親，已經是第二次上這堂課了。

愛的人不在了

面對親人的「病」，才深刻感受到，病狀跟病名只是最小的一部分，「病」事實上是生老病死那個大過程中的一個小過程，那不是一個症狀或一個事件，那是從一個階段到另一階段的過程。一個人隨著年齡漸長，病了，但對於病患和他身邊的人，都是生活與生命本質上的巨變。但當我帶父親去看醫生時，我困惑的是，不管這醫生幾歲，他究竟對這些生命過程認識多少？他是否只認識病徵及如何開藥，也就是這醫生除了「術」的部分，他對病徵背後那些盤根錯節的生命情感、困苦幽微之處，究竟有多少認識？若他的認知非常淺薄且欠缺，又如何能幫助我度過這些痛苦及失去？

所以，當五十五歲的我帶著八十五歲的母親，求助於一個由台灣醫學教育培養出來的二十五歲醫生，他給我的幫助會超過那個喇嘛嗎？如果超過，會超過多少？這個二十五歲的醫生，在他的青年醫學教育裡，關於我現在所談的生命質地的巨變與過程，他認識多少？如果是一位五十五歲的醫生，在他二十五到五十五歲這三十年執業的期間，有沒有機會累積足夠對生命的認識，並且超越我，在我去求助時帶給我幫助？

我想說的是，真正可以幫助人的，不可能是個只懂「術」的醫生。那麼如何能讓一個醫生不只是懂「術」而已，人文的教育就很重要。

卡繆在一九四七年出版《瘟疫》，這本書寫在他另一本名著《異鄉人》之後，是我這一代人年輕時幾乎都讀過的書。

卡繆是在北非阿爾及利亞長大的法國人，他在《瘟疫》中寫一個小城爆發瘟疫，一個名叫李爾的醫生，出門下樓時踩到一隻死老鼠，這城市本來是沒有老鼠的，但逐漸地，城裡到處都是老鼠屍體。大家本來不以為意，只想繼續過自己的日子，愛本來就愛的人，恨本來就恨的人，吃本來就吃的飯。書裡其實也有一些關於病徵的描述，我相信醫學院學生在學校裡學的就是如何辨別這些病徵，可是一個小說家卻用不同方法引領你進入這個瘟疫世界，讓你看見過去不曾看到的東西。

雅典，一座腐臭沖天的藏骨之所，甚至連飛鳥都放棄了它；馬賽的囚犯們把腐爛屍體堆塞到土坑中去；普羅旺斯築起長牆來阻擋狂暴的疫風；……君士坦丁堡痲瘋病院中那些陷入泥中的潮濕、朽爛小床，患者被人用鉤子從他們的床上拉了出去；……雅典人在海岸邊所燃起的「瘟疫之火」。死者在天黑之後被運到這裡來，可是卻沒有足夠的空隙。於是活人用火把互相打鬥，以便替他們所愛過的人爭得火葬之地。[1]

卡繆從醫生的觀點看去，他每天到城郊貧民區看病人，是被貧民所擁抱喜愛的；但是當這座城市整個進入瘟疫狀態後，病人跟他的關係改變了。

李爾從來沒感覺過，他這份職業會如此沉重地壓在他身上。在此之前，他的病人一直都在幫著他減輕工作負擔；他們很高興地把自己託付在他的手中。如今，醫生第一次感覺到他們對他敬而遠之；他們含著一股茫然的敵意，在自己的疾病中作繭自縛。這是一種他還不曾習慣的鬥爭。

這一小段文字細緻描述出醫病關係的改變，透過文學手法的描述，一個醫學生對鼠疫這個病的認識，會是非常多層次的。

作者描述社會群眾的集體行為與心理轉變，非常深刻。不少人才剛把家人送走，原本以為你所深愛的人過一陣子就會回來了，但突然，城市因為瘟疫被封鎖，一切都被切斷。剛開始，人們還很英勇地準備面對災情，還優雅地看電影喝咖啡，但是後來逐漸發現，這樣的阻絕彷彿看不到終點，心裡起了很大變化，絕望開始出現，城市居民有種「集體被放逐」的心情。小說家描述集體意識變成一個集體放逐的意識時，社會將出現什麼狀況。卡繆跟沙特兩人被稱作存在主義的代表，這本書就是典型的代表作品，他把人放進這樣一個特殊處境，所有人被迫重新認識自己，重新認識自己原本看不到的人性複雜，也重新審視了自己與世界的關係，書裡就寫到「對自己的認識全都換了一套，人全都變了」。

最後的尊嚴

我那時在榮民醫院看到一群老兵，想到他們不也是被放逐的群體嗎？他們突然被拔離家鄉的泥土，失去社會網絡和歷史記憶，這種狀況不就和書中這個城市一樣嗎？那麼，當這群老兵到醫院看醫生時，醫生對他們的認識有多少呢？就像越戰老兵返鄉後就醫，醫院的醫生對於戰爭時的放逐和孤單有多少認識？若不認識的話，醫生能幫助他們到什麼層次呢？

教導醫學院學生的時候，我們要問：他對人的認識有多深刻？接下來是他有沒有進行集體心理分析的能力？好的作家就是好的心理分析者，對人的本質有超出尋常的認識。而作為醫生，需不需要對人有特別深刻的認識？我看到現場大家點頭說是了。那麼，什麼可以為醫學教育提供對於人更為深刻的認識？我相信是文學。

卡繆在《瘟疫》中描寫，當瘟疫爆發時，大家一開始還很鎮定，因為我們的品格教育教我們要這樣面對危機，可是這份鎮定很快就被打敗，因為不確定感入侵。家屬開始知道政府動用警察帶走病人，家裡的人寧可死在一起也不願意有人被帶走。後來街上常常出現槍聲，人的邏輯理性完全喪失。小說裡，有個人叫塔霍，是個來度假的外地人，而且是獨善其身者，認為這世界很難改變。但是瘟疫發生後，有天他來找李爾，提議組織一個義工隊來處理問題。中間他們有段對話：「那麼，你也像潘尼洛一樣，認為瘟疫也有好的一面；它能使人睜開眼睛，並且迫使他們去思想嗎？」意思是，當你真正認識到生命中最痛苦最核心的東西，你才會開始思考。

當瘟疫過去，城市已經是個不一樣的社會了。

最後談到李爾和自己的母親：

在這一瞬間，他知道母親在想些什麼，而且知道她深愛著自己。但是他也知道，去愛某個人，比較上並不是最重要的；或者，毋寧說，「愛」是永遠不會強烈到足以找到適合它的字眼。因此他和他母親總是互相沉默地愛著。並且有一天她——或是他——將會死去，而在彼此的一生中，從來沒在表達自己的熱情上超過這種狀態。……他認識了瘟疫而且記得它，他認識了友誼而且記得它，他認識了感情而注定了將來有一天將要眷念它。於是，一個人在瘟疫與生命的衝突之間，其所贏得者，只是知識與回憶。

我今天提供的是作為病人家屬傍徨無助的經驗，以及期待。我相信醫生必須對人、對痛苦、對回憶、對失去要有認識，才可能成為我們心目中的好醫生。但是我們如何在培養一個醫生的過程中，讓他們擁有這種敏感跟深刻？如果現有的醫學教育課程做不到，就必須靠個人的努力；如果大家認同必須把文學等人文課程納入醫學教育中，那我們就要開始思考怎麼做。不只是卡繆，還有卡夫卡的《蛻變》、徐四金的《香水》，還有中國古典作品，這些書都可以是醫學系的教材。因為文學裡有豐富的想像力、同情心以及對生命的深刻認知，而當醫學院的學生體會到這些，我們的醫療制度、醫病關係以及人們面對生老病死的尊嚴與情感，也將變得完全不同。

1 卡繆《瘟疫》，周行之譯，二〇〇五，志文出版。

我們的村落

二〇一一年十二月十八日，適逢香港大學創校一百週年，應邀於醫學院畢業典禮發表英語演說，此文為中譯。

在你的時代裡，在你的社會裡，
你會抵抗些什麼，堅持些什麼？

受邀到此演講是我的一份光榮和喜悅，因為我「精打細算」過了——遲早有一天，我會「落」在你們的手裡。當那一天到來的時候，我自然渴望在床邊低頭探視我的醫生你，不只在專業上出類拔萃，更是一個具有社會承擔、充滿關懷和熱情的個人。

我們都說這是一個畢業典禮，五六年非常艱難的醫學訓練，今天結束了。我倒覺得，是不是可以這樣看：今天其實只是你「學程一期」的畢業典禮，一期的核心科目是醫學。但今天同時是你「學程二期」的開學典禮，二期的核心科目是「人生」。二期比一期困難，因為它沒有教科書，也沒有指導教授。在今天的十五分鐘裡我打算和你們分享的，是一點點我自己的「人生」筆記。

貧窮的印記

我成長在台灣南部一個濱海的小城，叫做高雄。一九六一那一年，小學二年級，發生了一件大事。班上一個女生突然嚴重嘔吐，被緊急送到醫院。沒多久，學校就讓我們都回家了，全市的學校關閉。過了一段日子，當我們再回到學校的時候，班上幾個小朋友的座位，是空的。那是我第一次聽到有一種病，名叫「霍亂」。我們當時不知道，高雄的「鄰村」——香港，在同時，被同一波傳染病所襲擊，十五個人死亡。我們的命運早就是彼此相連的，但是我們懵懂無知。

是的，我是一個在所謂「第三世界」長大的小孩。想像一下這些黑白鏡頭：年輕的母親們坐在擁擠不堪的房間裡，夜以繼日地製作塑膠花和廉價的聖誕飾燈，孩子們滿地亂跑，身上穿的可能是美援奶粉袋裁剪出來的恤衫……

一九七五年我到美國留學，第一件感覺訝異的事就是，咦，怎麼美國人喝的牛奶不是用奶粉泡出來的？一九六一年的班上，每一個女生都有頭蝨，白色細小的蝨卵附著在一根一根髮絲上，密密麻麻的，乍看之下以為是白粉粉的頭皮屑。時不時，你會看見教室門口，一個老師手裡舉著一罐DDT殺蟲劑，對準一個蹲著的女生的頭，認真噴灑。

香港人和台灣人有很多相同的記憶，而奶粉、廉價聖誕燈、霍亂和頭蝨，都是貧窮的印記。如果我們從我的童年時代繼續回溯一兩代，黑白照片裡的景象會更灰暗。一個西方傳教士在一八九五年來到中國，她所看到的是，「街頭到處都是皮膚潰爛的人，大脖子的、肢體殘缺變形的、瞎了眼的，還有多得無可想像的乞丐……一路上看到的潰爛皮膚和殘疾令我們難過極了。」

一九〇〇年，一個日本作家來到了香港，無意間闖進了一家醫院，便朝病房裡面偷看了一眼。他瞥見一個幽暗的房間，光光的床板上躺著一個「低級中國人，像蛆在蠕動，惡臭刺鼻」，日本人奪門而逃。

可是，為什麼和你們說這些呢？為什麼在今天這樣的時間、這樣的地點、這樣的場合，和你們說這些呢？

我有我的理由。

目光如炬者

你們是香港大學一百週年的畢業生，而香港大學的前身，是一八八七年成立的「香港華人西醫學堂」。如果這點你們不覺得有什麼特別了不起，那我們看看一八八七年前後是一個什麼樣的時代。我們不妨記得，在一八八七年，屍體的解剖在大多數中國人眼中

香港大學的前身，是一八八七年成立的「香港華人西醫學堂」。

還是大逆不道的，而西醫學堂已經要求它的學生必修解剖課。我們不妨記得，當魯迅的父親重病在床——那已是一八九七年，紹興的醫生給他開的藥引，是一對蟋蟀，而且必須是「原配」。了解這個時代氛圍，你才能體會到，一百二十四年前，創辦西醫學堂是一個多麼重大的、改變時代的里程碑，你才能意識到，那幕後推動的人，必須具備多麼深沉的社會責任感和多麼遠大的器識與目光，才可能開創那樣的新時代。是何啟和Patrick Manson這樣的拓荒者，把你們帶到今天這個禮堂裡來的。[1]

一八八七年十月一日，香港華人西醫學堂首度舉行開學典禮，首任學堂院長Patrick Manson致辭——曾經在台灣和廈門行醫的Manson到今天都被尊稱為「熱帶醫學之父」——他說，這個西醫學堂，「會為香港創造一個機會，使香港不僅只是一個商品中心，它更可以是一個科學研究的中心」。[2] 看著台下的入學新生，他語重心長地說，「古典希臘人總愛自豪而且極度認真地數他們的著名偉人，我們可以期待，在未來的新的中國，當學者爭論誰是中國的著名偉人的時候，會有一些偉人來自香港，而且此刻就坐在這個開學典禮之中。」

三十多個學生參加了一八八七年的開學典禮，學習五年之後，一八九二年的首屆畢業生，卻只有兩名。其中之一，成為婆羅洲山打根的小鎮醫生，另一個學生叫孫中山。

從Manson一八八七年的開學致辭到今天二〇一一年的畢業演講，我們的生活方式有了深沉的改變，而這些改變，來自一些突出的人。目光如炬者，革新了教育制度；行動如劍者，改造了整個國家；還有很多既聰慧又鍥而不捨的人，發明了各種疫苗。今天你我所處的世界，天花徹底滅絕，瘧疾和霍亂病毒已相當程度被控制，台灣和香港的女生已經不知道有「頭蝨」這個東西。西醫學堂創立一百二十四年之後的今天，港大醫學院培養出很多很多世界頂尖的學者和醫生，為全球社區的幸福做出貢獻。

而你們，正是踏著這個傳統的足跡一路走來的。

眼前的挑戰

也許你會問，既然前面的「長老們」，譬如Patrick Manson，譬如孫中山，已經完成這麼多重大的貢獻，還有什麼是你們這一代人，是你，可以作夢，可以挑戰，可以全身投入，可以奉獻和追求的呢？今天的世界，還有什麼未完成、待完成的使命嗎？

我相信有。

創立香港華人西醫學堂的
Patrick Manson

四十三歲的 Patrick Manson 在創建西醫學堂之前，研究過他所處的時與地。地，是香港，那時香港華人的醫療照顧與洋人的相比是一個悲慘的狀態。時，是晚清，傳統的價值體系正分崩離析而新的秩序和結構還未成形。孫中山畢業時二十六歲，每天從上環爬上陡峭的石階上學，無時無刻不在「診斷」這個社會的存在狀態，思索如何為人創造更大的幸福。

那麼，你們所處的時和地又是什麼呢？

讓我們先看看你們是誰。香港大學醫學院的學生，百分之二十來自醫學專業家庭，也就是說，這百分之二十的學生有雙親或者雙親之一已經是醫生或護士。你們之中百分之六十的人，父母那一代已經具有高等學歷。很明確地說，你們是社會的菁英層。即便現在還不是，將來也會是。

而你們所身處的社會，又是一個什麼樣的社會呢？

香港這個「村子」，有一個非常獨特的地方。享有近三萬美金的每年人均所得，七百萬居民中卻有一百二十三萬人生存在貧窮線下——所謂「貧窮線」，指的是收入低於市民平均所得的一半以下。如果這聽起來太抽象，沒感覺，你試試看走到大學前面般咸道的某一個街口站一會兒，數一數放學回家走在馬路上的學童：一、二、三、四，在香港，每四個孩子之中，就有一個生活在貧窮線下。

我不知道你是否注意過，在最繁華、最氣派的中環，那些推著重物上坡的白髮老婆婆

在最繁華、最氣派的中環，那些推著重物上坡的白髮老婆婆是如何佝僂著背，與她的負荷掙扎的？

是如何佝僂著背，與她的負荷掙扎的？在你們所屬的這個社會裡，百分之四十的長輩屬於貧窮線下的低收入戶。

來到香港機場的訪客，馬上會被一個漂亮的招牌所吸引，廣告詞很簡單：「香港是亞洲的世界大都會」。這個廣告不說出來的是，香港是亞洲貧富不均第一名的大都會，貧富差距之大，超過印度，超過中國大陸。在全世界的已開發地區裡，香港的分配不均，也名列首位。

你和我所生活的這個社會，最特殊的地方就是，一個攝影師不必守候太久就可以在街頭捕捉到這樣的畫面：一輛勞斯萊斯緩緩駛過，旁邊一個老人正低著頭在路邊的垃圾桶裡翻找東西。

尋常微小的決定

我無意鼓吹你們應該效法魯迅棄醫從文，或者跟隨孫中山做革命家，或者全都去從事社會工作，因為人生有太多有趣的路可以選擇了。我想說的僅只是，身為這麼一個重要傳承的接棒人，你也許可以多花那麼一點點時間思索一下自己來自哪裡、何處可之。

一百二十四年前，第一顆石頭打下了樁，鋪出的路，一路綿延到下一村——你今天的所在。Patrick Manson 抵抗無知，堅持科學實證的知識學習；孫中山抵抗腐敗，堅持清明合理的管理制度。你是否想過：在你的時代裡，在你的社會裡，你會抵抗些什麼，堅持些什麼？

我倒不希望你能立即回答，因為如果你能隨口回答，我反而要懷疑你的真誠。一個人所抵抗的以及所堅持的，匯成一個總體，就叫做「信仰」。但是信仰，依靠的不是隆重的大聲宣告；信仰深藏在日常生活的細節裡，信仰流露在舉手投足之間最尋常最微小的決定裡。

Patrick Manson後來擔任倫敦殖民部的醫療顧問，負責為申請到熱帶亞非地區做下層工作的人進行體檢，體檢不通過的，就得不到這樣的工作機會。這時，他發現了一個未曾預料的問題：百分之九十的體檢者都有一口爛牙，檢查不合格。畢竟，有錢人才看得起牙醫。他該怎麼辦呢？

Manson是這麼處理的。他給上司寫了封信，說，以爛牙理由「淘汰掉他們等同於淘汰掉他們整個階層的人」。他建議政府為窮困的人提供牙醫的服務。

有些專業者看見爛牙就是爛牙。有些人，譬如Manson，看見爛牙的同時，卻也看見人的存在狀態——他認識痛苦。就是這種看起來很不重要、極其普通的日常生活裡的判斷和抉擇，決定了我們真正是什麼樣的人。

記憶中的茉莉花香

我十四歲那年，全家搬到一個台灣南部的小漁村。因為貧窮，孩子們生病時，母親不敢帶我們去看醫生——她付不起醫藥費。有一天，小弟發高燒，咳嗽嚴重到一個程度，母親不得不鼓起勇氣去找村子裡的醫生。我們都被帶去了。四個年齡不同、高高矮矮的孩子一字排開，愣愣地站在這個鄉村醫生的對面。他很安靜，幾乎不說話，偶爾開口，聲音輕柔，說的話我們卻一個字都聽不懂，是閩南語，還有日語。

林醫生仔細地檢查孩子的身體，把護士拿過來的藥塞進母親的手裡，用聽不懂的語言教導她怎麼照顧孩子，然後，堅持不收母親的錢。此後，一直到四個孩子都長大，他不曾接受過母親的付費。

那是我記憶中第一個醫生。那個小小的診療室，幾乎沒什麼家具，地板是光禿禿的水泥，卻是一塵不染。診療室外連著一個窄窄的院落，灑進牆裡的陽光照亮了花草油晶晶的葉子。茉莉花盛開，香氣一直在房間裡繞著不散。

1 何啟：一八五九—一九一四，原名何神啟，香港第一位獲封為爵士的華人。一八八七年和Patrick Manson共同創辦香港雅麗氏利濟醫院，附設一所香港華人西醫學堂，為香港大學的前身。

2 Patrick Manson：一八四四—一九二二，蘇格蘭醫生。十九世紀六〇至八〇年代，曾到台灣打狗（高雄）、廈門、香港等地行醫，開設醫院、學堂，被稱為「熱帶醫學之父」。其譯名在台灣多稱「萬巴德」，在香港多稱「白文信」。

一九一二那一年

二〇一二年十一月十二日，總統府中樞紀念國父誕辰典禮，文化部長龍應台應邀於總統府發表專題演講，台下聽眾包括總統、副總統、立法院長及中央政府機關首長約百人。

碰到破和立之間幽晦不明的時候，
只要我們清楚知道自己在做扎根的、長遠的、有意義的事情，
或許心中就可以有一種篤定和從容。

馬克．吐溫的寫作有個手法——當寫到一個嚴肅到不行的場合，譬如今天這種場合，他就會讓一隻小土狗，不知道從哪裡竄出來，突然奔跑到前面，把演講的人撞個唏哩呼嚕，然後那份嚴肅就當場瓦解。我不知道今天我該拿這嚴肅怎麼辦，但是我很高興能夠來到這裡。

我給的題目是「一九一二」，想講的是那個時代的氣氛，但我不是孫中山研究的專家，所以主要跟大家分享一下我對那個時代的觀察。

殘酷的時代

一九一二年是什麼樣的時代？第一個浮出的意象，可能就是，一個列強瓜分中國的時代。當時一個法國雜誌所刊出的漫畫，是桌上有個大餅，寫著「CHINE」（法文「中國」），而列強正拿著刀分割這個餅。整個十九世紀，是這樣弱肉強食的時代。

那是個非常殘酷的時代。《沈從文自傳》裡有段文章題目就叫做〈辛亥革命的一課〉。[1] 一九〇二年出生的沈從文，住在湖南的鄉下，在一九一〇年最混亂的時代，一

一八九八年法國《小日報》漫畫，諷刺列強瓜分中國。

「中華民國臨時中立」郵票

個七、八歲的小孩看見什麼？當時滿清政府到處搜捕革命黨員，可是到底誰是革命黨員呢？鄉下官兵於是就抓人頭充數，成千上萬的人被五花大綁抓去砍頭，基本上都是鄉下的農民。在沈從文的村子裡每天大約有一百多個農民被抓去河邊，砍到後來，實在太多了，官兵就把成堆的農民抓去大王廟面前擲筊，如果丟出來的是兩面都向上或一陰一陽的，就到「活」的這一邊；如果兩個都覆蓋住，就被分去「死」的那邊。運氣不好的農民擲完筊，也就乖乖地去排隊等砍頭。

每一天在河邊，都有很多的圍觀者去看砍頭的熱鬧，所以沈從文從小的數字學習，是從數屍體學來的。圍觀者嬉笑不已，有時圍觀的人太多了，官兵也搞不清楚到底誰是誰，那該被砍頭的不小心混到嬉笑的人群裡，也就被當作路人給放了。換句話說，看熱鬧的人不小心也可能就被拖去砍頭了。

一張奇特的郵票可以充分表達政局的不穩。一九一二年中華民國成立了，可是我們也都知道，十九世紀到二十世紀初的中國，海關和郵政全部由外國人主控。當時的郵政總辦是一位法國人叫帛黎（A. T. Piry），當中華民國成立時，他非常不甘願，不認同。郵票上面還是印「大清國郵政」，可是孫中山都已經在南京宣誓就職了，怎麼辦？他就在郵票的中間，印上了「臨時中立」四個字。到了三月的時候，孫中山嚴重抗議，他才再加「中華民國」四個字。從一張小小的郵票裡，就看得出一個動盪的時代。

價值大翻轉

一九一二年前後，不只是軍事動盪，不只是政治動盪，其實更是改風易俗、價值翻轉的時代；服裝、纏足，包括剪辮子，都是嚴重的大事。

錢穆出生在一八九五年。一九一〇年，風聲鶴唳，十幾歲的孩子都知道時代要變了。他有一天晚上睡不著，在同學的枕頭下面發現了一本書。你猜是怎樣的一本書？是譚嗣同的《仁學》。譚嗣同這位前進思想家的書，給錢穆這位十五、六歲的孩子看到了，他最震動的是什麼呢？竟然是譚嗣同在《仁學》裡頭談頭髮的部分。譚嗣同把人依照髮型來分，全髮戴冠的，是中國人；把頭髮剃光的是印度人；把頭髮剪短的，是西方人；第四種，前面都刮光，後面留個豬尾巴的，叫做「滿洲人」。

少年錢穆，那天晚上，翻來覆去睡不著，第二天就把自己的辮子給剪了。問題是，沒幾天要放假了，他得搭火車回家，朋友就警告他說，你現在沒有辮子，上火車一定會被官兵抓起來當成革命黨給殺了。事情非常的危急，怎麼辦呢？沒有辮子無法搭車，於是他就把剪下的辮子縫到瓜皮帽上，偽裝成辮子。

在歷史大轉換的時代，一個小小的「脫線」很可能就送了性命。

其實，錢穆不需要縫辮子，因為在一九一二年前後，已經出現「改良帽莊」，有現成

在歷史大轉換的時代，一個小小的「脫線」很可能就送了性命。（一九一一年法國畫報刊載中國人當眾剪辮子的圖像）

的帽子加辮子的改良帽可以買了。那個時候，道士服突然貴了，因為很多人買道士服來穿，道士的高帽子可以把辮子藏起來，可收可放，端看你遇到的是官兵還是革命軍。

我們講到一九一一、一九一二年，就聯想到革命、戰爭、動亂、割裂，彷彿沒有任何其他的大事了。事實是這樣的嗎？譬如傳染病，會因為革命而暫停爆發嗎？

醫療照做

一九一一年在東北爆發的鼠疫，死亡人數六萬，是一場大規模的疫戰。那個時候東北的鐵路中，東清鐵路是俄國的，南滿鐵路是日本的，從奉天到北京的鐵路才是滿清的，所以連治理權都是分開的。而有傳染病的時候，成千上萬的人潮從火車來往上下，傳染病也迅速蔓延擴張。當革命在南方蔓延時，哈爾濱一天死一、兩百人，當時醫學的常識，大家以為這是跳蚤咬老鼠然後傳人。在恐怖而人人自危的氛圍裡，北京派了一個人趕赴東北處理緊急疫情，這個人叫伍連德，馬來西亞出生、劍橋醫學院的畢業生。他趕到哈爾濱，經過解剖和觀察，斷言這是一種飛沫傳染的肺鼠疫，是人對人直接地傳染，因此它的嚴重性、傳染速度，遠超過當時人們的理解，也超過當時西方專家的認知。

伍連德在一九一一年，動用了三千名士兵、警察、醫生、護士，投入防疫。借用了俄

一九一一年在東北爆發的鼠疫，死亡人數六萬，是一場大規模的疫戰。

國鐵路局一百二十輛列車，作為隔離醫院。既然認定肺鼠疫是飛沫傳染，他嚴格要求所有人都戴厚口罩，當時就叫做「伍連德口罩」。一位法國專家不接受伍連德的判斷，堅持不戴口罩進入疫區沒有幾天就染病死亡，震驚了國際。

冰原上堆積了兩千兩百具屍體，裝在薄棺內。伍連德說服清廷，採取了一項空前的措施：火化。他也讓清廷了解「解剖」醫學的必要，使得現代醫學得以開展。當革命在南方動盪延燒的時候，伍連德在冰天雪地裡默默開啟了中國現代公共衛生的制度。

辛亥革命到高潮時，伍連德的工作是否停頓下來？沒有。他計畫向英國募款，組一個紅十字會，然後由他率隊到辛亥革命的武漢前線去為傷兵治療。他說，不管是清軍或革命軍，他想為兩邊的士兵裹傷。

伍連德所做的事，基本上叫做「不動如山」。價值可以翻轉，世界可以顛倒，革命可以席捲，他卻一心一意做自己認為最重要的事。

鐵路照跑

另外一個例子想要跟大家分享的是大家很熟悉的詹天佑。革命了，戰爭了，時代要換了，天要變了。在大動盪裡，是不是所有的事情都要停擺？是的，很多原來的秩序都停擺了，革命的意思就是原秩序的停擺和替換。但是有些事情，不因革命或戰爭或改朝換代而停。詹天佑在一九〇九年完成了京張鐵路，這是第一條中國人自己完成的鐵路，途經八達嶺，技術之艱難，當時也是舉世驚詫的。

之後詹天佑又成為粵漢鐵路的總工程師，或稱為總理。粵漢鐵路從一八九六年核准動工，到一九三六年才完成，經過了幾乎半個世紀。

在一九一一年情勢非常不好的時候，詹天佑曾在一封寫給同事的信件中提及對時局的憂慮，「廣州正處於憤激的形勢中，我希望不會有嚴重的後果，但是可能會有巨大的悔恨。」我們可以想像，一個以一生投入推動國家基礎建設的人，對於革命所可能帶來的中斷和破壞，會非常憂慮。

廣州是革命的核心地，當革命爆發時，詹天佑人正在廣州。幾乎所有管理鐵路系統的人都逃難去了，列車停駛了，甚至也開始有人搶劫。在這樣一個不安的時代裡，詹天佑怎麼做？他把所有粵漢鐵路的主管找來，告訴大家革命就要爆發了，所有要離開的人都來跟我登記，我可以讓你們走，但是每個人都要先做好工作細節的移交。後來的情況是，當街頭因革命而沸騰時，詹天佑手上的那段粵漢鐵路工作，始終是照常運行的。

孫中山這個人

一九一二年五月十七日，孫中山到了廣州，詹天佑以粵路公司經理的身分接待他，這已經是一九一二年的五月。諸位熟悉孫中山的歷史就知道，他很快就擔任了全國鐵路總監，提出要為中國建設二十萬公里的鐵路，後來變成了《建國方略》。《建國方略》提出的宏偉基礎建設藍圖包括要在十年內為中國修建一百六十萬公里的公路。這個夢想距離現實有多遠呢？一直到一九四九年，全中國的鐵路系統加起來不到兩萬公里。到今天二〇一二年，一九一二年的一百年後，現在的中國，真正營運的鐵路里程是八萬多公里。公路則遠遠超過了孫先生所擘畫的，有三百六十萬公里。

孫中山當時有一個澳洲顧問叫做端納（W. H. Donald）。端納在一九一二年六月底見了孫中山之後，對他很不滿意，在七月四日給另外一個很有名的澳洲記者摩里斯寫了一封私人信，發了一堆牢騷：「孫先生告訴我，他已經決定要盡自己畢生的精力發展鐵路，他說他幾個月內還不能公開他的計畫，我就磨了他好一陣子，他最後拿出一張六英呎見方的大地圖鋪在地上，從這張地圖可以看出孫先生狂妄極了，簡直是個瘋子，他完全的不切實際，對於他目前開創的事業沒有最基本的了解。」

這是端納私下對孫中山的批評。端納說：

這幅地圖包括西藏、蒙古，以及中國西部最偏遠的地區，孫中山煞費苦心地用筆在各省及周邊地區的地圖上畫了許多條線。他用線標出從上海到廣東沿著海岸的鐵路線，方向一轉鐵路線越過崇山峻嶺直達拉薩到西藏，然後穿過西部直抵邊界，又蜿蜒曲折地進入新疆到達蒙古。他畫的另一條線是從上海經過四川到達西藏，還有一條經過戈壁邊緣到達蒙古，他還畫了從北到南、從西到東許多條線遍布全國。孫席地而坐向我介紹他的計畫，當他坐在那兒的時候，我想這個中華民國第一任大總統怎麼會這麼愚蠢，這簡直是不可能的事情，他真的瘋了。問題不在於他畫的地圖，你如果有足夠的時間與資金，他畫的每一條線，即使是更多的線都有可能建成，可是問題在於他竟然會以為外國資本家可以提供充足的資金給他，在五到十年內把這些鐵路建成。

端納接著寫，然後孫中山就問他：「你認為外國資本家，會為此而投資嗎？」端納回答：「那要看什麼條件。」孫中山說：「我們可以給他們四十年鐵路的使用權，不過期滿時他們要將鐵路無償地還給我們，而且保證運行良好。」

這不就是現在的BOT嗎？

端納說：「我就告訴孫中山，除非有一個穩定的政府，否則即使在中國幾個人口稠密的省分，修建最切合實際最有前途的鐵路，恐怕也得不到外國的一分錢。」他總結說：

「孫中山太不切實際了，他幻想十年後中國將滿布鐵路。你想想看，從越南的老街到中國雲南的小鐵路就花了八百萬英鎊，憑良心講，一條從雲南到拉薩的鐵路要花多少錢？而除了到世界屋脊，就是拉薩，去做夏季的遊玩，或者在達賴喇嘛逃跑時提供方便，這條鐵路一點用都沒有。」

這是一九一二年孫中山身邊的澳洲顧問私底下的一個說法，有趣的是端納提供了那麼一個活潑的孫中山的側寫輪廓。一九一二年，民國初始，孫中山對於政治的權力可以放棄，但是對於建設中國的夢想，他緊緊地抓住，為之燃燒。從端納的敘述裡，你看到「孫中山這個人」，四十六歲的革命家，彎身趴在一張敞開的大地圖上，拿著筆，從北到南，從西到東，畫下他心中的建國藍圖。孫中山這個人真的是一個大夢想家。當端納用輕俳的口氣說，鐵路從雲南建到拉薩幹什麼？一百年後，回頭來看，是的，還真的就是要讓全球的人到世界的屋脊去做「夏季的遊玩」。

行動的大夢想家

孫中山是個大夢想家，因為他所想像十年內要做的事情，要到一百年之後才能完成其中的一部分。你可以從負面去說，哇，他實在是太不切實際了；可是換個角度去看，我們是否也可以說，真神奇，他的夢想竟然都是對的，只不過他的夢想太大、太早，他的夢想實踐所需的時間，不是十年，是百年。但是他在地上畫出的那個夢想的藍圖，後來的人用一百年的時間去驗證，他的方向和願景是偉大的。

想像著趴在地圖上的孫中山，我就開始思索，他是什麼時候開始變成一個熱情燃燒的夢想家的？我想到一九二三年孫中山在香港大學的演講。那場英語演講的題目是：「我的革命思想來自哪裡？」

他是這麼說的。二十出頭的孫中山在香港讀書，看見香港「秩序井然，建築宏美，無有干擾，嚮往不已」。[2] 每次放假回到相隔只有八十公里的香山，「我竟然需自做警察

一九二三年二月二十日，孫中山在香港大學發表演說後與師生合照。

以自衛，時時留意防身之槍彈完好否？年復一年，情況俱如此，家鄉與香港僅有五十英里之隔，唯兩地政府何以差別如此？」香港社會秩序令他震撼不已。

而二十歲的孫中山還不僅只是個夢想家，還是個行動者。他受到香港的影響，放假回到家鄉，召集了一批鄉里年輕人動手挖石頭、鋪路，要把兩個村子之間的幾里路給鋪起來。鋪了一陣子後發現不行，障礙很多做不下去了，他就去找縣官。一個二十歲的少年，非但不怕官，還會去找縣官，而且這個縣官也答應幫忙。但後來縣官不見了，換了一個，他再去找這個接任的，結果接任縣官置之不理，這時，孫中山發現這個縣官原來是花了五萬銀子買來的官。二十歲的少年才知道，政府的管理原來是這樣的。

他在一九二三年的演講裡說，有了這個認識之後，他就著手研究政府，發現在別國的政府當中，貪汙是例外，廉潔是常態；但是中國的情況剛好相反，在中國的官場，貪汙是常態，廉潔是異常。孫中山剛開始以為，省城的情況會比較好，不料一到廣州才知道它的腐敗更嚴重。原來，「中國之官地位愈高，貪汙愈熾，最後到了北京，其腐敗又千百倍於廣州。」孫中山說，這時他才知道原來底層縣府竟然是中國最廉潔的政府機構。這樣的震撼教育給了他一個信念：好的政府才是中國最需要的拯救。

靜水流深

如果這場短短的演講一定要有結論的話，那就是：孫中山是個大夢想家，可是他不是一個空的夢想家，他也是一個行動家。一個清朝的學生，會去鋪路，會去找縣官，然後希望有所突破，最後用革命行動來實踐他的夢想。有人說，民國建立，如果孫中山真正執政，他不會是一個很好的執政者。也許。但是我想，大破的時候，需要的是目光遠大、胸懷願景、有氣魄、有夢想的人；大立的時候，需要的是一步一腳印，忍辱負重，有謀略、有毅力，能靜水流深的人。這是兩種截然不同的人格特質。

提及伍連德，是因為伍連德這個人在國家政治、軍事動盪到極度時，他只專心做一件事，就是把中國的公共衛生制度建立起來。今天之所以講到詹天佑這個人，是因為，在那個動盪不安的時代，他如此篤定不移地堅守鐵路的基礎建設。在大破的時候，我們非常需要像孫中山這樣的大夢想家，讓你有一種氣魄，敢於想像非常遠的未來。在大立的時候，我們需要像詹天佑這種堅毅執著的實踐家。而在究竟是要大破還是要大立都混沌不明、價值混亂的時候，可能要有像伍連德這樣的人，他不管你外面天翻地覆，就是一心一意去完成最重大、最扎根、最長遠的建設，以天崩地裂色不變的從容態度，一點一滴地做下去。

二〇一二年，剛剛好距離一九一二年是一百年，我們還在孫中山建立共和國的願景藍圖上往前走，同時在意想不到的另一個空間，台灣，開展出一條自己的路來。這個時候，在政府體系裡工作的人，可能也有很多人在大破大立間和價值混沌中感到灰心。因此今天想跟大家分享的是，碰到破和立之間幽晦不明的時候，只要我們清楚知道自己在做扎根的、長遠的、有意義的事情，或許心中就可以有一種篤定和從容，即使外在的環境忽明忽暗，眾聲喧譁，但是我們可以自信，對於時代、對於人民，有些基本的信念，仍是值得堅持的。

1 沈從文《沈從文自傳》，一九八七，聯合文學出版。
2 盧瑋鑾編〈國父於香港大學演講紀略〉，《香港的憂鬱——文人筆下的香港（一九二五—一九四一）》，一九八三，華風書局。原載於《華字日報》，一九二三年二月二十一日。

多走三里，你就會看見

二〇一四年十月三十日，受邀出席「第十二屆華人企業領袖遠見高峰會」發表演講，與會貴賓包括總統、副總統、行政院長等政府高層，以及百大企業CEO、趨勢專家等台灣政經領袖。

總有一天必須從小確幸中走出來
看到廣大天空與嚴峻的未來。

二〇一四年有三件跟印度有關的新聞，吸引了我的目光。

第一是三月時，印度推出了有史以來第一個由太陽能驅動與處理的馬桶。新馬桶完全不需要用水沖，而是利用太陽能，將人類排泄物用熱處理後，轉換成可再利用的乾淨物質。目前人類使用的馬桶是一七七五年發明的。

第二是六月時，印度發射了自己研發的火箭。新總理莫迪（Narendra Modi）非常驕傲地說，印度做這件事情所花的成本，比美國拍一部3D電影的成本還要低。換句話說，整個太空市場，印度已經走在前面了。

第三是微軟創辦人比爾．蓋茲在十月時過五十九歲生日。他在自己的推特分享，他九月時與印度總理見面，對莫迪非常讚美，不是讚美印度高科技或太空發展，而是讚美莫迪對馬桶非常重視，讓印度舉國上下都在討論馬桶。

這三件事情加起來太有意思了。

馬桶重要嗎？

我不是企業家，我平常對比爾・蓋茲完全沒有注意，但這三則消息放在一起，讓我開始思考，這到底是怎麼回事？

我仔細探究才知道，比爾・蓋茲有八百億美元資產，從一九九四年開始做慈善，平均一年捐出四十億美元。但是他不是什麼都做，他的慈善基金會網頁很清楚地寫到「What We Do NOT Do」（我們不做的項目）。

但為了研發馬桶，比爾・蓋茲捐出六百五十萬美元，他的理想是研發出完全不需要水，也不需要複雜的排汙系統，放在沙漠或荒野中都可以使用的馬桶。

一年前他找了十個國際頂尖大學，讓他們比賽，看誰能研發出這樣的馬桶。後來由加州理工大學拿到第一名。

這讓我對比爾・蓋茲這個人產生好奇了。

如果你經常關心聯合國的資訊或關心全球發展的話，你會知道，全球六十億人口中，有二十五億是被迫要「隨便大小便」的，因為沒有廁所，沒有馬桶。也就是說，孩子在這樣的環境成長，排泄物會汙染他的水源，他吃的菜、穿的衣服都和排泄物放在一起，大小便後也沒水洗手。

而全世界乾淨的水，只有全球整體水源的百分之二．三，其中三分之二又是在冰川，所以乾淨的水是非常稀少的。

只是為什麼比爾．蓋茲會對馬桶、對印度這麼重視呢？

後來我在《金融時報》上看到他接受訪問。他說，作為一個企業家，也許會看到印度高科技的發展，看到辦公大樓都是乾淨的、明亮的。裡面的職員是西裝筆挺，露出雪白襯衫領的。但只要多走三里路，來到這些職員的家，你會發現，他們很多人是必須在外面隨便大小便的，因為沒有廁所、沒有水，無法保持乾淨。

就是因為比爾．蓋茲多走了三公里的路，他看到超越表面的東西，看到了科技的背後，科技人真正的生活狀態，他會問，生命尊嚴在哪裡？

在二十五億根本沒有馬桶可用的人中，單單是印度就有六．三億。而全世界每年有一百五十萬名五歲以下的孩子，死於沒有乾淨的水源、沒有馬桶等。這可以解釋為什麼比爾．蓋茲要投資六百五十萬美元來設計一七七五年之後的另外一種馬桶。這讓我開始對比爾．蓋茲有新的尊敬，他不只是成功的企業家，也是成功的大慈善家，他也不是因為有很多錢，捐出來就是了，他還是個很有思想的大慈善家。這是不同的境界，這樣的企業家太令我另眼相看。

賦予荒蕪的房子生命力

接下來我回來談台灣。在我自己做公務員很短的工作經驗中，我要分享四個跟企業家接觸的故事和我所做的小小事情。

第一個故事是二〇〇〇年，我當台北市文化局長時，台北市中山北路老爺飯店對面的一棟老房子，原來是歷屆美國駐中華民國大使的官邸，歷史上很重要的中美決策，都在那裡做的，非常具歷史意義。

但當年，這棟房子已荒蕪二十二年，很像鬼屋，我要進去，還得穿長靴，因為院子裡草木叢生有很多蛇。那時候台積電前財務長陳國慈覺得很可惜，透過她，我拜訪了台積電董事長張忠謀，他給了我六千萬，二〇〇二年打造成光點台北（台北之家），成為今日台北人文沁潤的地點。現在由台灣電影文化協會經營，可以喝咖啡、買書，可以看到一般商業電影院不會放的藝術電影。

第二個小故事是，台灣許多小巷子裡面，藏有許多殘破的日式建築。例如在台北市濟南路二十五號，本來也是一個破落的日式建築，要如何改變它的命運？

請問最「冷」的學問有什麼？文學。文學中最安靜的是什麼？是詩。因為房子很小，只適合安靜的東西，我就想把這裡打造成詩的匯聚點。

當時我就想到我在香港中文大學時，透過台中市長胡志強，結識了一個很愛詩的企業家，他到各地出差做生意時，攜帶的007皮箱裡面一定有詩集。

我就找到他，問他願不願意花五千萬支持一個「詩的復興」三年計畫。他一口答應說，當然。現在這裡已是許多人進進出出玩詩、年輕人認識詩的地方。

第三個故事是尹衍樑，他有非常大的建築事業。我跟他第一次見面時說，台灣在國際上處境很困難，外交政治到處碰壁。如果能用民間力量，到世界各地去開「台灣文化光點」的話，就可以跟世界交朋友。我提了一個四年四百萬美元的計畫。他說，當然支持。

我們讓國外單位提計畫，當我們的夥伴，他們得負擔百分之五十經費，尹衍樑的基金負擔百分之五十。

兩年間已經在國際間開了三十一個台灣光點。我們就以這樣安靜的、柔和的、不誇張的方式，與世界做朋友，在世界各地分享台灣的音樂、文學、電影等。

第四個故事是打造藝術銀行。我們走在機場、酒店，隨處可見世界畫家的複製品，我不懂，為什麼總是看外國已故畫家的複製品，難道自己土地上沒有還活著的當代藝術家嗎？為什麼我們的年輕人說不出當代台灣年輕藝術家的名字呢？

所以我們就引進加拿大和澳洲藝術銀行的概念。由企業家捐錢買畫，組成「藝術銀行俱樂部」，買經過專業評鑑的藝術家畫作，但畫只租不賣，放在公共空間讓更多藝術家被看見，讓台灣藝術有更大的揮灑舞台。

這些小故事都有一個主角：企業家。說明了，企業家如果對社會有心的話，可以做很多事情。一個人如果願意在你所看到的表面，多走三里路，就會看到這社會很深的角落，發現一輩子沒發現的東西。

企業家的三種境界

企業家有三種境界。第一種，只是賺錢。沒什麼不好，賺錢也是高尚的事情，但壯年、老年只做了一件事情「賺錢」，好無聊，是多麼無趣的工作。

第二種是賺了很多錢，也捐了款，希望能有一點名聲，說明「我是很慷慨的」。

第三種是有願景、有胸懷的企業家，當轉型做慈善時，對社會有付出，也對社會有判斷力，深入社會，把錢用在社會所需的地方，這種境界最高，但不代表不容易達到，主

台灣許多小巷子裡面，藏有許多殘破的日式建築。修復老屋瓦，讓它承載詩的記憶。

要是有沒有那個動念和有沒有心。

期許台下各位企業家，賺錢也要觀察社會。我相信，比爾．蓋茲不是突發奇想研發馬桶，而是長久以來的思考。

台灣現在最流行的三個字「小確幸」。這是個人內在的、非常主觀的，跟別人無關的小小的幸福。這好像成為天底下最理所當然的追求目標。也是好幾代人被過去的家國大夢壓得太久了的一種反彈與釋放。可是總有一天必須從小確幸中走出來看到廣大天空與嚴峻的未來。

給一個小小比喻，就像去狂歡的派對，放下一切，喝酒喝到掛。但是狂歡結束時，一定得有幾個人非常清醒，非常負責地把爛醉、幸福的好朋友一個一個送回家。

又如在茫茫大海的船上開一場盛大舞會，所有人都很盡興，但一定有非常清醒、不睡覺的少部分人，不是在找哪杯酒喝，不見得聽音樂、跳舞，而可能是在船底下處理引擎的問題。很多人不能以當下的小確幸作為一輩子的志願，否則那艘船不知道開到哪裡去。

我從來不注意比爾．蓋茲，但他給我很大的教育。

半價的鞋

——談公民教育

二〇〇六年三月二十一日，國立清華大學「思想沙龍講座」在清華大禮堂舉行，應邀主講「世界公民意識」，此篇為節錄。

你們怎麼會是好朋友呢？你是官員，他們是記者，你們應該是監督跟被監督的關係，怎麼會是好朋友？

今天要講世界公民意識，我想先從我自己的兩個業餘「研究對象」說起。這兩個研究對象，一個今年（二〇〇六）十六歲，另一個今年二十歲，他們從小跟我朝夕相處。我想跟大家分享的是，在這兩個研究對象身上看到的世界公民意識是什麼樣的。

你是腐敗官員

研究對象之一，在他十二歲那一年，有一天我以台北市政府官員的身分和幾個記者朋友吃飯，這個十二歲的小孩也在。當我跟他介紹這幾位好朋友時，這個十二歲的研究對象馬上反應說：「你們怎麼會是好朋友呢？你是官員，他們是記者，你們應該是監督跟被監督的關係，怎麼會是好朋友？」他直接的反應，當場就讓我嚇了一跳！一個十二歲的小孩怎麼會有概念，知道媒體和政府官員是監督和被監督的關係？誰教他的？

當這個研究對象十三歲時，發生了一件事，這故事我寫過，而且流傳得比較廣。有一天這個十三歲的小傢伙從德國到台北看我，我很高興地要帶他去某一名牌運動鞋店買鞋。去的原因是，這個品牌跟當時我工作的文化局有合作關係，曾經捐過八千雙的鞋子，品牌總經理曾跟我說：「下次你孩子來台灣要買鞋，我給你打半價。」我告訴他這個緣由，這孩子就跳起來準備穿鞋子跟我出門。但是他一面綁他的鞋帶，一面回頭跟我說：「我們去買鞋，可是媽媽你很清楚喔！我們去買這個半價的鞋，你就是一個腐敗的官員！」

我當時就跳了起來，說：「你什麼意思？」他說：「你難道不知道吉斯是怎麼下台的？」

吉斯是東德人，一個少數黨的主席。這個黨主席當時剛剛上了頭條新聞下台了。為什麼呢？因為擔任黨主席的他有很多公務飛行，累積一定的里程數，就會得到一張優惠機票，而這個黨主席就用這張優惠機票跟家人度假去了。在德國的社會環境裡，認為這就是公器私用，他為此而下台。

十三歲的小孩一面穿球鞋一面跟我說，這個總經理之所以給你半價優惠，是因為你曾因公務關係跟他合作，你帶兒子用半價買鞋就是私人享受了從公務得來的優惠，你就是個腐敗的官員。

後來我們有沒有去買鞋？我當然說不去了，鞋子到別的地方買全額的。

到底什麼樣的環境會讓一個十三歲的小孩，不但懂得黨主席為什麼下台，而且也懂得公器不可以私用；不但懂得公器不可以私用，而且還會把這個原則活生生用到實際生活裡來？

教宗選錯了

這個十三歲的研究對象十五歲時，正逢羅馬教宗改選，到了最後時刻要在三個候選人中做選擇，一個是黑人主教，另一個是拉丁美洲的，還有一個是德國的主教。揭曉當天，這十五歲的研究對象從學校回來了，一進門我就問他：「你知不知道選舉結果？」因為我知道他非常關心這個議題。他說已經知道了。於是我問他：「你跟你的同學們，你們這些德國孩子是不是覺得很自豪，因為新的教宗是個德國人？」沒想到這個十五歲的研究對象說，他們大失所望。

我很驚訝，追問他原因。

他說他跟同學都覺得，天主教一直是個非常保守的宗教，但上一任這個波蘭出生的教宗已經有了很多突破。他們覺得如果下一任教宗是個黑人，或者是拉丁美洲人，從這些偏遠、弱勢的族群跟文化裡產生出新教宗，那代表天主教將再往前跨越一大步。結果，沒想到選出來的竟是最傳統的、來自歐洲中心的德國教宗，他們覺得那個往前跨的象徵意義，已經失去了一大半。

我問他：「是你一個人這樣想？還是你的同學們也這樣想？」他說他的同學們都這樣想，就連課堂討論時老師也是這麼想的。

我心裡在問，一個十五歲的孩子，是從什麼時候開始認識到什麼叫前進、什麼叫落後、什麼叫激進、什麼叫保守？又是什麼時候開始形成一種價值觀，相信弱勢的族群跟文化，應該得到特別的張揚跟保護，或者特別的推崇？這個觀念是什麼時候開始進入這些孩子的腦子呢？

柑仔店不見了

當時十五歲的研究對象跟他十九歲的哥哥有一次一起到了台北。他們走在台北街上，發現幾乎每個街角都有7-Eleven，我聽到這兩個研究對象之間的對話。

小的問大的：「奇怪，台灣怎麼有這麼多的7-Eleven？」

大的對小的說：「我也覺得很奇怪呀！政府為什麼會容許呢？」

我當時就忍不住插嘴了。我說奇怪了，7-Eleven 多有什麼不對？它代表方便啊。順便告訴你們，台灣是全世界這種便利商店密度最高的地方。有問題嗎？

這時他倆就群起攻擊我：

7-Eleven是跨國企業，有巨大的財力跟充沛的人力，可以二十四小時營運。但是一般的柑仔店、小雜貨店，或婆婆媽媽的個人特色的小店，不可能一天二十四小時跟你混，說不定就是一個家庭的爸爸、媽媽加上兒子輪流照顧生意。如果7-Eleven非常多，代表跨國大財團的系統，正在消滅小的柑仔店文化，而且會使小的有個性的商店徹底消失。所以，如果要保持社會的多元，要維持一個城市的本土特色，政府會非常注意，跨國的連鎖企業不能開設這麼多店。

我舉這些例子，包括公跟私之間的界線、記者與官員之間的角色分際、天主教太保守、弱勢文化和小資本的特色傳統商店應該被保護等等，不是要討論他們的觀念和主張對不對，而是想凸顯，這兩個青少年平常所關心的議題以及他們的觀念和立場，其實就是公民教育，一種世界公民意識的教育。

他們的世界公民意識是怎麼來的？誰教他們的？

在我準備這個演講之前，我跟已經二十歲的研究對象說，三月二十一日我在清華有演講，是這個題目，我跟你做個專訪。我們就坐下來，好好談了這個問題。

你以爲我是哪國人？

他說：「你不記得嗎？我上幼稚園時，圖畫書裡很多主角不是德國的約翰或瑪莉亞，而是土耳其的『阿里』。」

土耳其人是德國最大的少數民族群體。我確實記得，很多兒童繪本書裡，「阿里」是主角，讓德國小孩懂得土耳其的阿里背景是什麼、講什麼語言、為什麼這樣想這樣做，為什麼吃的東西不一樣，這便是多元文化的教導。

他說：「你記不記得？我們四歲就參加足球隊。每次比賽前，教練會先講話，其實每次說的都是：如何跟你的團隊合作、如何尊敬教練的權威，但是也告訴你覺得有問題時，如何跟你想反對的權威進行溝通。」

然後他說：「你不記得嗎？我三年級時有一次你到學校來，你很驚訝，看到學校的壁報上面，貼出來的是十歲的小男生跟小女生之間的情書。」

我記得，那是他們正在進行的兩性教育。

他又說：「你不記得五年級時，我們舉行全校運動會，是為尼泊爾而走？」

在德國五年級已經不是小學，是中學了。他們學校那次決定，每一個小孩跑幾圈，這個社區的銀行就會依照你跑的圈數捐款，你跑一圈給一百塊、跑兩圈給兩百塊。募得的錢要做什麼呢？是要給尼泊爾山村建一所小學。經由這次活動，這群五年級的歐洲孩子跟尼泊爾的孩子，從小就有了某種聯繫。

他又說：「你不記得我國三時有一個口頭報告，要對全班同學演講。我被指定的題目是『全球化下的麥當勞』，談這個產業的運作模式，而且我做的是PowerPoint的Presentation，你不記得嗎？」

我記得。

接下來他說：「我高中時曾跟你討論過，我們在讀布萊希特的一個劇本《伽利略》。」德文課，也就是他們的國文課。「你記不記得，當我們在討論這個文學劇本時，最主要是在討論什麼呢？」

在那個劇本裡頭，布萊希特描寫伽利略面臨人生的選擇，不同的選擇代表對生命價值的不同思考方式。在教會的壓迫下，伽利略有兩個選擇，一是選擇勇敢赴義，與教會對

一般的柑仔店、小雜貨店，或婆婆媽媽的個人特色小攤，如何抵禦跨國大財團？

抗到底。選擇被教會殺死，他會成為一個捍衛自己信念、為真理赴義的英雄；然而也可能是煙火式的英雄，因為之前研究的東西在他死後無法保留，以後也不可能繼續研究了。但這種做法可以凸顯他所堅持的價值。

另一個選擇是苟活。選擇向教會屈服，因此活下來，也許可以透過比較長期、潛移默化的方式，去滲透改變這個社會的想法，但你就不是英雄，同時必須承擔羞辱、挫折，以及漫長的潛伏。這二十歲的研究對象跟我說，他們在德文課讀文學作品，實際上是藉此討論個人如何面對社會、面對權威，以及必須做道德選擇時，你到底可以怎麼做。

這個其實也是公民教育。

接下來我又問他，那麼愛國呢？公民教育常常跟愛國畫上等號。在很多國家，講到公民教育就是講國家認同，譬如甘迺迪說的，「不要問國家為你做了什麼，要問你為國家做了什麼。」

我問這個二十歲的研究對象：「那你們什麼時候會被教導政府可能是錯的？被教導你的國家可能是錯的、可能是可惡的？」

你們猜他的反應是什麼？他哈哈大笑，用一種幾乎帶著一點輕蔑的表情看著我說：「你以為我是哪國人哪！你問一個德國人這個問題嗎？你知道三〇年代的納粹歷史，給了我們什麼教訓？**國家永遠是錯的！**」

他說：「你難道不會想到，六〇年代的學生運動要求的是什麼？它所批判的是什麼？你還忘記了一九八九年，我們簡直就把柏林圍牆給推翻，把一個國家給滅亡了。所以這種問題，你怎麼會問一個德國少年呢？你這種問題應該拿去問最執迷愛國的美國人。」

公民教育無所不在

我明白了。公民教育不是一門「公民課」，而是一種意識滲透到所有的課程和課外活動裡去。

怎麼說呢？

學校的環境，從幼稚園到小學、中學一路上來，一個班級如果有二十個人，起碼一半是外國孩子，也許從伊朗、阿富汗、韓國或中國來的；而另外一半本國的孩子裡，可能又有一半是混血兒。所以在成長的過程裡，左看右看都是外國人，很早就習慣跟外國文化密切溝通的語境。

我也回想起，他在學校時總有交換學生來來去去，同學會到國外讀一年書，也不斷會有外國學生到班上來。我同時發現，他的公民教育，並不是學校設有一個科目叫「公民與社會」或者「公民與政治」，他的公民教育完全滲透在他所有的學科裡。

他們在政治課裡頭，談國家的政治體制。

在社會課，談社會結構的問題。

然後在宗教和倫理課裡，談個人面對環境的自處之道。

他的英文課——他從三年級開始學英文，到五、六年級可以讀英文文本時，討論的是美國的民主制度。

五年級的法文課本裡頭，講的是巴黎的阿拉伯少數民族的生活狀態。

他的地理課，教的是全球化會對市場經濟造成什麼變化。

無所不在的世界公民教育，還透過報紙進行。兩年前南亞海嘯（二〇〇四）發生後，德國報紙連篇累牘地談南亞海嘯的問題，主流報紙都會有個特別的青少年版，會問你：「南亞海嘯造成貧窮國家那麼多人犧牲，有錢的國家對於貧國有沒有責任？」另外，透過電視上非常多國際新聞跟相關議題的討論，透過家中晚餐桌上的討論，就是世界公民教育。

公民教育是全面滲透性的。

我前天開車到清華的路上，聽收音機，不知怎麼就轉到ＢＢＣ的節目。整整一個小時，從台北到新竹剛好聽完，主題是鴉片、海洛因等毒品應不應該合法化的辯論。

主持人在倫敦，他先打電話跟一個布魯塞爾的聯合國專門負責毒品問題的官員對話，所以我聽到了聯合國官員的角度。

他下一個電話打給美國麻薩諸塞州一個在毒販群中臥底三十年的警察，問他對這個事情的看法是什麼。

警察講完後，主持人接著電話連線阿富汗，直接去問那邊種罌粟的農民。再之後，下一個電話打給南美哥倫比亞販毒的黑社會組織成員。下一個電話是莫斯科的吸毒者談他自身的痛苦經驗。再下一個電話是柏林ＮＧＯ的人，再下一個電話是巴基斯坦的戒毒專家。

這一個小時聽下來，我在想，所謂世界公民教育，不是開一門「公民課」的問題；它在學校的各門學科裡，在電視媒體的報導裡，在廣播節目的討論裡，在一場演唱會裡，在一個嘉年華會的活動裡。它滲透到生活所有的層面、所有的細節裡。

在沉船上搶最好的位子？

——談今日大學生的「準備」

二〇〇六年十二月十六日，應《天下雜誌》之邀，在台灣大學與滿座學子進行了一場全球化時代的關鍵演說。

在一條逐漸下沉的船上，
去搶船上電影院裡最好的位子，
請問有什麼意義？

七〇年代大學生

我是二十世紀七〇年代的大學生，那個時代的我們，懂得不多，可是心志疏曠，喜歡假裝深刻，譬如說，走在校園裡我們會手臂下夾著一本書，故意讓人看得見封面——可能是尼采的《查拉圖斯特拉如是說》，或是*Beyond Good and Evil* 的原文書，其實那時用的都是廉價盜版書。尼采宣布「上帝已死」，我們煞有介事地討論；我記得在潮濕悶熱的夜晚，成大的同學之間曾經為這樣的文字爭辯：

山上的樹

查：你為什麼害怕呢？——人和樹原本都是一樣的。他愈是想往光明的高處挺升，他的根就愈會深入黑暗的地底——伸入「惡」中。

少年：我想我是改變得太快了，今日的我推翻昨日的我……當我登臨高處時，才發覺自己的孤單，沒有人同我說話，落寞之霜使我冷得發顫。我究竟想在高處尋找些什麼？

智者

精神乃是生命的自我掙扎，生命因自身的折磨而得大精進。

年輕人有一種奢侈——因為現實的俗世還在四年之外，所以我們有權對抽象的問題做大揮霍。

沙特的《存在與虛無》放在床頭，靠著一盞廉價的塑膠檯燈；我們完全不了解歐洲的歷史和語境，但是譯文拗口的存在主義彷彿為我們青澀的迷茫找到一個氣質相配的解釋：

人除了必須是他自己之外，其餘什麼都不是；人孤獨地被棄置在這個世界，處於無窮無盡的責任當中，沒有任何奧援，人除了建立自己之外，沒有別的目的；人除了在此世上鍛造冶煉自己之外，也沒有別的宿命。除非人首先理解這些，否則人不能做什麼。

沙特的「虛無」和「孤獨」似乎很符合慘綠少年對於孤高姿態的想像。我們其實不知道透過對「虛無」和「孤獨」的闡述，沙特其實是個多麼積極、多麼入世的行動者和反抗者。「存在先於本質」成為知識青年之間最流行的思想標語，掛在我們的嘴上，但是我們哪裡真的知道他在〈存在主義即人文主義〉裡說的究竟是什麼。

畢業十五年之後，我在歐洲看著柏林圍牆崩塌；也看到從前奉命固守國土、射殺逃亡者的東德士兵受審，法官判他有罪時，給的理由是：「個人良知超越國法；每一個個人都要為自己的行為負責。」我突然想起當年看不懂的〈存在主義即人文主義〉——這不就是沙特的意思嗎？他不是說：「人是什麼，端視人做了什麼。」作為人我們有絕對的自由，正因為如此，我們無所依靠也毫無藉口，必須為自己的一切行為負絕對的責任，進而為他人的生命負責。所謂「虛無」只是存有的必要條件，但生命的意義並不在虛無中。

七〇年代的大學生也深受胡適和羅家倫這些五四人物的影響。不知道有多少知識青年在那個年代裡是拿那本薄薄的《新人生觀》當作餽贈男女朋友的生日禮物的。《新人生觀》寫在烽火滿天、顛沛流離的一九四二年，卻對七〇年代不知愁苦的青年發生作用：

（在中國）思想不曾經過嚴格的紀律考驗，因此已有的思想固不能發揮，新鮮的思想也無從產生。正確的思想是不容易獲得的，必須經過長期的痛苦，嚴格的訓練，然後才能為我所有。思想的訓練，是教育上的重大問題……思想的紀律，絕不是去束縛思想，而是去引申思想，發展思想。中國知識界現在就正缺少這種思想上的鍛鍊。[1]

羅家倫對大學生談的仍是「道德的勇氣」和「知識的責任」，還有「俠，出於偉大的同情」。大學生要有道德的勇氣，然後能在昏暗板蕩中辨別是非。大學生相對於一般「老百姓」擁有知識，影響社會，所以要對國家和社會負起特別的責任。「俠」，則是關心公共事務，有肩膀扛起「大我」的未來。大學生具有俠氣的人格，才能促進政治改革，國家才有希望。

不看尼采和沙特、不讀《新人生觀》的大學生，也絕對逃不過《蔣總統嘉言錄》的全面籠罩。蔣介石是個「政治強人」，但是這個「政治強人」在那個年代卻是個虔誠的王陽明心學的崇拜者，他讓學生背誦的是這種句子：

生活的目的在增進人類全體之生活；生命的意義在創造宇宙繼起之生命。

七〇年代的大學生比較少關心個人，因為那是一個鼓勵你追求「偉大」的時代。尼采、沙特讓我們從刷牙吃飯考試談戀愛的日常生活提升到思考宇宙和我的存在意義的境界。羅家倫等五四人物從國家的苦難出發，苦口婆心地強調年輕人對國家社會的責任。即便是威權統治的政治強人，核心的信念也仍是儒家的經國濟世。在我的記憶中，一直到快畢業了，大家才開始談工作的事，之前的三年時光，全泡在為國為民的「利他」情懷裡。

不選教育，就選災難

從羅家倫到七〇年代，中間是三十年，從七〇年代到今天（二〇〇六），又是三十年。距離羅家倫「新人生觀」六十年後的今天，我們七〇年代的大學生能對今天的大學生說什麼呢？

六十年間，有兩個關鍵的變化。第一是知識的平民化。隨著經濟的發展和民主觀念的推動，教育得以普及化、平民化，大學教育不再是菁英教育，大學生不再是「救亡圖存」的眾望所歸。在「人人都是大學生」的結構裡，大學生逐漸從自認頂天立地的國家棟梁變成百工百業大結構裡的小螺絲釘。在民主社會裡，家國重任的大屋頂依靠的不再是少數的宏梁巨柱，而是把重量分攤給了無數的小釘細目。

所以我們能夠給二十一世紀的年輕人的鼓勵，不能再是空泛的「偉大情懷」，而是一個完全不同的命題：「小釘細目」需要什麼樣的培養？

君權時代你必須培養貴族和菁英來領導國家，民主社會則要依靠大批有知識、有能力的公民來執行運轉。民主制度的基礎是公民水準的這個認識，如果你以為是一個近現代才有的觀念，那就錯了。看一段西元前四三一年雅典國王培里克里斯（Pericles）在〈陣亡將士國殤演講〉裡的話：

我們的制度尊崇多數決，而非少數，這就是為何它被稱為民主。在我們的法律前，人人平等，階級和貧窮都不能凌駕於能力的表現，有能力者必被拔擢。我們非但享有政治自由，更享有私人領域生活不受干擾的權利。我們極端寬容，卻不流於混亂……我們培養品味但不失之奢華，我們學習知識但不流於無力……我們的公民勤於自己的工作，但對於公共事務又極具判斷仲裁之能力。其他國家把公民的意見當作欲去之為快的「麻煩」，我們卻認為公民參與是智慧決策的必要前提。

這是兩千五百年前的「總統文告」，極其準確地告訴你：民主的「智慧決策」來自公民，而它的公民特徵是既勤奮又具有「判斷仲裁」的能力。公民如果沒有「判斷仲裁」的能力，會怎樣？

第一次世界大戰結束不久，歷史學家赫伯特・喬治・威爾斯（H.G. Wells）說，「人類的歷史愈來愈是一種災難和教育之間的拔河競走。」[2]第一次世界大戰是一場人類的大災難，威爾斯強烈地認為，如果缺少有知識、有思辨力、有判斷力的公民，災難無法避免。因此缺乏公民教育的結果，只有災難。二擇一，看你選教育還是災難。

著名的英國歷史學家霍布斯邦（Eric Hobsbawm）在《極端的年代》裡指出，二十世紀直接死於錯誤的統治者或政府決策的，有一億八千萬人。[3]如果說，單單是中國大陸一個「三年災害」就有三千萬人喪生，這個數字可能是大大低估了。我們所存在的社會，是一個有嚴重歧異紛爭的社會，我們所處的時代，是一個飽受戰爭威脅的時代。羅家倫那上一代人是戰火倖存者，二十一世紀的我們其實也一直處在戰爭的陰影裡；如果台海兩岸的政治領袖不知道教育和災難是一種可怕的拔河，如果負責教育的人不知道培養有思辨力、有判斷力的公民是二十一世紀教育的核心目的，如果我們的青年人自己不知道「小釘細目」的重要，誰說我們不會和羅家倫、沙特一樣，又墮入戰爭呢？

全球變小村

六十年間第二個關鍵而重大的時代變異是全球化。科技的發達不僅改變了空間距離，更顛覆了六十年前的國家主權觀念。

一個希臘人可以自由地移居歐盟任何一國，在那裡永久居留，可以就業置產，可以投票選舉，甚至可以自己參選。跟他談傳統的「愛國」，從哪裡談起？他要效忠哪一國？一個二十一世紀的孩子，很可能父母分屬不同國籍，自己又出生在第三國，在第四國受教育，在第五國結婚，在第六國立業，妻子屬於第七國，他的子女則擁有第九國和第十國的護照，最後他在第十一國埋葬——請問，他要愛哪一個國家才叫「愛國」？

石油的價格和貨幣的浮動可以影響全球經濟，世界銀行和國際貨幣基金（IMF）可以讓一個國家改變國策；世界貿易組織（WTO）和世界衛生組織（WHO）可以超越國土疆界，國際人權公約和國際環境協定可以挑戰國家主權，迫使個別政府妥協；一個國家的稻米政策可以影響幾萬里外另一個國家的國民生計，一個海域的汙染可以威脅到萬里外另一個海域，一個地區的傳染病可以迅速擴及全球；百萬的商人在外國註冊，向外國繳稅；千萬的移民在流動遷徙，更換國籍；成億的人在網上接收訊息，拆穿了自己國家的謊言。饑荒和疾病、戰爭和屠殺，以及餓死的孩子的無辜眼睛，在羅家倫的時代，只有發生在自己村子裡時人們才會得知，如今全來到眼前，無處閃避，北極的一座冰山融解，全人類就會惶恐戰慄。

全球，已經變成自己的小村。

二十一世紀的震撼，就是全球化。今天我們突然發現自己站在全球村，如果仍舊只談如何建設自己的國，猶如在一株大樹頂端全力築巢，渾然不知樹的中節已冒煙起火，而底端正被一把鋼鋸鋸著。

在沉船上搶最好的位子？

所以，今天的大學生，面對一個人類前所未有的新局面，需要什麼「基本配備」？顯然這個問題已是很多人的焦慮來源了，針對這種焦慮，各形各色因應全球化的「指南」成為二十一世紀的顯學。題目叫「邁向卓越」或「菁英必讀」的書籍雜誌永遠被擺在書店進門最醒目的展示台上，其中大部分的封面是一個或一群西裝筆挺的男人，兩手交叉在胸前，帶著極度自信的微笑，告訴你如何往上爬，變跨國企業的高級經理人CEO；這些書刊雜誌還會把「競爭」或「實力」寫在封面，警告你早做準備，全力衝刺。整個賣書區瀰漫著一種全球化來襲、害怕掉了隊的緊張，或者說，恐嚇。

一艘船，影響整片海。二〇一六年三月，德翔台北貨輪擱淺於石門外海，船身斷裂，油汙嚴重影響附近海域的生態與地景。

為什麼全球化的挑戰是以這種「加入贏家」的單一面貌出現呢？

在這裡我看見兩個問題，第一，何以只看見贏家？跨國企業的發展固然促進全球經濟和資訊的快速流動，但它同時蘊含的暗面——譬如全球經濟遊戲規則的不公平，譬如強勢經濟帶給弱勢經濟的文化傾斜，譬如兒童勞工的人權遭到忽視以及大企業對落後地區的剝削等——在哪裡呈現？為何「指南」書籍雜誌只教你如何加入全球化的強者隊伍，卻不教你如何關注全球化的弱者？

問題之二是，全球化的真正議題，哪裡只在競爭呢？在一條逐漸下沉的船上，去搶船上電影院裡最好的位子，請問有什麼意義？那麼在全球暖化、海平面上升的地球村裡，缺乏宏觀思維的競爭又有什麼意義？全球化不是只有跨國企業增進利潤這一件事，它更包含了種種文化價值衝突、貧富不均和環境掠奪的問題。全球化真正迫切的議題是人類社會如何透過合作來保障地球環境的永續，透過協商來解決超越國界的貧窮、疾病、戰爭、人權等問題，怎麼到了我們的書店裡，全球化的教戰指南卻只剩下如何在全球化的新遊戲規則裡競爭得利、掙錢搶先？

思考全球村未來的責任，就落在全球公民身上。如果在羅家倫時代，大學生被鼓勵以道德、知識和行動參與來對「國家有難」負起責任，我們今天對大學生的期許，顯然就不能侷限於「國家」而必須以「全球」為單位來思考。今天的問題不再是單一國家的問題，今天問題的解決也不再是單一國家的解決。以單一國家為範圍的公民意識勢必要轉型成另一種東西，叫做「世界公民意識」。

世界公民意識：小學就開始了

培養世界公民意識已經被許多國家列為重要的課程，從小學開始教育。譬如澳洲的一個公民教育網頁，議題包括：兒童權益、國際財政、沙漠化、自然災害、環境、脫離貧窮、國際難民、性別平權等等。

點進「沙漠化」一欄，首先學的是關於「沙漠化」的常識：

1 全球三分之一的土地屬於不可耕的沙漠地。
2 每年有六百萬公頃可耕地因為沙漠化而成為不可耕的荒地。
3 全球一百一十個國家受到沙漠化影響，兩億五千萬人直接或間接受害於沙漠化，其中大部分是貧窮地區的人民。
4 受害最大的是非洲，約三分之二的土地是不可耕地，而且持續惡化。
5 百分之二十七的中國國土已經沙漠化，並且每年有兩千四百六十平方公里的土地變成沙漠。

6 沙漠化帶給全球每年的經濟損失大約四百二十億美元。（聯合國資料）

再看這個加拿大的網站，叫做「維多利亞公民教育網」，我們看看他是如何教育關於愛滋病的問題：

自從一種抗愛滋的新藥（ARV）問世之後，北美洲的愛滋病患者就得到某個程度的重生——他們雖得病，還可以正常生活。但是藥價昂貴，一個人一年至少一萬美元，是病人更多的南方國家所負擔不起的。

巴西因此研究ARV的成分而發展出製藥方法，在一九九七年開始生產，藥價只需三百美元。巴西打算將這低價的藥外銷到其他發展中國家去，使窮人也能得到治療。但是這個做法卻違背了智慧財產權的保護原則。原生產藥廠也強調，如果研發新藥的智慧財產不被維護，將來就不會有人願意投資於新藥的研發，對醫藥學的發展將是嚴重的打擊。[4]

小學生們必須研究和辯論的是：窮人的治療權和研發的智慧財產權都是極其重要的原

則，但是兩者相衝時，怎麼辦？WTO如何解決這樣的兩難？專家們對WTO這樣的組織又有些什麼樣的批評？最重要的是，你怎麼看？

全球化一點兒也不抽象，它就和每一個人在每日生活裡所做的大大小小的決定有關。學生認識到，自己買來穿在腳上的名牌跑鞋可能是富國的廠商剝削貧國橫奪暴利的成品；超市架子上某個進口米特別便宜，可能是以本國農民的生計為代價；美化自己房間所用的原木建材可能直接促成原始森林的大片砍伐和水土的流失；在餐廳裡點選特殊的美食可能使世界的物種減少。

這些先進國家在進行的公民教育，早已不再是傳統的本土「愛國教育」，從前所標榜的道德標準——不外乎忠誠禮義勇敢負責等等，也已轉換為對於地球和全球社區的關懷和行動。最值得注意的是，這些課程都不是為大學生設計的；教學對象，是小學生和初中生。全球公民教育，不始於大學而始於小學。

大學生問自己什麼？

美國加州州立大學洪堡分校每年的應屆畢業生會，總在畢業典禮上誦讀一段誓詞：

在選擇工作時，我會考慮該項工作及所服務機構是否承擔對社會及環境的責任。

學生組織Student Pugwash USA則擬出另一個版本的大學生畢業誓詞：

我承諾將致力於建設一個美好的世界，其科技的應用必須以社會責任為念。我拒絕將所學用在對人類或環境有害的任何方面。我的事業追求務必以道德為優先考量。此後個人生涯將壓力備至，然而我簽此誓言以表達我的認知：每一個個人承擔起他的責任是邁向世界和平的第一步。[5]

做這樣宣誓的大學生顯然已經認識到，努力打拚變成一個公司總經理作為唯一的人生目標是不夠的，如何讓地球永續，讓世界公平，是一個更根本性的志業。

假設台灣的大學生也同意這樣的立場，他可以怎樣自我要求呢？

一、**我的思辨能力有多強大**？孔子的「慎思明辨」永遠不過時。馬丁・路德・金恩說：「教育的目的無他，就是教會一個人如何評估事證，如何判斷虛實，如何釐清真假，如何分辨事實和虛構。」台灣在民主開放後，對社會最大的挑戰毋寧是人民思辨的能力。在黑與白之間有眾多層次的灰色，如何評估不同面向的觀點，判別是非真假、虛實優劣成為全民課題，更凸顯一個事實：沒有思辨能力的民主，只能往一個方向走，就是沉淪。

二、**我的知識夠不夠？**當我看見澳洲的小學生在學習內蒙古的沙漠化問題，德國的初中生在探討南亞海嘯所暴露的貧富不均問題，加拿大的高中生在辯論歐盟和美國農業補助政策對加勒比海貧國的傷害，英國的社區學校在討論全球暖化的因應對策，反觀台灣的狀況，不免憂慮。幾十年的國際孤立，台灣人被排除在全球社區之外，長期的邊緣化使得全球意識很難建立。決策者以內視心態治國，媒體以幼稚媚俗，在火熱、短線的政治權力鬥毆中，真正重大、攸關未來的議題很容易被認為空泛、遙遠、不切實際。

可是，我不認為列強在中亞儲油地區的縱橫捭闔與台灣的未來能源無關，我不認為伊朗的核武發展與台灣的安全無關，我不認為中國的崛起以及它對人權的態度與台灣的幸福無關，我不認為北極的冰山暖化與台灣的生存無關，我不認為全球水資源的匱乏與台灣的永續無關，我不認為新疆的民族衝突與台灣的處境無關，我不認為美國的中東政策不會影響到台灣的地位。

我不認為台灣可以在孤立的心態中繼續存活。

蕭伯納曾經極其諷刺地說：「大學生在畢業的那一天起，就要努力忘掉學校教過的東

我看見澳洲的小學生在學習內蒙古的沙漠化問題……

西，才能真正面對社會。」我也想說，在一個心態封閉的社會裡，台灣的大學生必須自力救濟，建立自己的知識庫，越過政府，越過媒體，自立地與全球的知識網接軌，才能真正地面對二十一世紀。

三、**我有沒有行動的能力？**在整個華人世界裡，素質最高、行動力最強的公民群體其實就在台灣。街頭的動員示威、行政手段的抗議、壓力團體的運作、國會程序的翻案、媒體的調查揭弊、司法途徑的爭取、社運團體的串連等，台灣人遠遠走在中國大陸、香港、新加坡、馬來西亞華人之前。只不過我們關懷的範圍大多侷限於島內議題，很少對全球議題加以探討。二十一世紀的大學生可以培養大格局帶頭關心全球議題，開創社會風氣。

四、**我的品格培養有多麼堅定？**不知道是什麼促使馬丁．路德．金恩在一九四八年說出這樣的一番話：

> 教育的目的在於教會一個人深刻的思考，並且善於思辨。但如果教育停止在這裡，那麼教出來的很可能是一個危害社會的人。對社會危害最大的人，通常就是最善思辨但是毫無品格的那個人……我們必須深深記住：頭腦聰明是不夠的，頭腦聰明加上品格，才是真正教育的目的。[6]

他是在說希特勒嗎？他是在說毛澤東嗎？我相信今天的台灣人從自己的經驗出發，也有深刻的體會。如果我們的大學生得到一流的專業訓練，卻不知同情心、正義感、廉恥為何物，如果他善於思辨卻無法判斷「有所為，有所不為」的行為分際，如果道德在他的價值觀裡不是居於指導的地位，我們不過在培養將來有能力危害社會的人罷了。

思辨能力、知識、行動力，都是闖蕩開拓的動力，但是沒有一條船可以沒有錨。品格，就是錨。沒有錨的船將隨風勢飄蕩不知所終，沒有品格的人才使社會暗夜盲行，觸礁沉淪。

有些東西永遠不變

四〇年代的大學生教七〇年代的大學生：思想的鍛鍊、道德的勇氣、知識的責任、社會的承擔。七〇年代的大學生教二十一世紀的大學生：思辨的能力、知識的建立、行動的參與、品格的培養。有哪一件，不是羅家倫和沙特說過的呢？

也就是說，六十年來，人類社會的變化何其之大，而核心價值其實是不變的。羅家倫和沙特所處的都是屍橫遍野的血腥時代，他們思慮的是，要怎樣才能避免文明的腐蝕或毀滅。今天的世界，表面上科技猛進，經濟翻轉，但是當年最關鍵的問題——怎樣才能避免文明的腐蝕或毀滅，今天仍舊是最關鍵的問題，只是範圍提升至全球，而且更為迫切。

今天掌權的大多還是七〇年代的大學生。掌權者愈是在乎權力，胸襟和眼界就愈是偏狹，如果說今天的大學生有什麼優勢的話，我想那便是他們可以乘著年輕的理想性，乘著全球化的新知洶湧，用最清新的品格和最開闊的全球視野來挑戰七〇年代的大學生，同時也挑戰自己的成長。

1 羅家倫《新人生觀》，一九八七，晨星出版。

2 赫伯特・喬治・威爾斯（Herbert George Wells）：一八六六—一九四六，英國歷史、社會學者，亦為知名的科幻小說家、新聞記者。一九二〇發表百萬字人類通史專著《世界史綱》（*The Outline of History*）。

3 霍布斯邦（Eric John Ernest Hobsbawm）：一九一七—二〇一二，英國歷史學家，曾任劍橋大學經濟及社會史教授，著有《極端的年代》、《論歷史》、《霍布斯邦看二十一世紀：全球化、民主與恐怖主義》等史學專書。

4 加拿大維多利亞公民教育網：videa.ca

5 www.spusa.org/pledge/index.html

6 Dr. Martin Luther King Jr., "The Purpose of Education", Morehouse College Student Paper, The Maroon Tiger, in 1948.

青春迷惘後發現的十三件事

二〇一七年九月二十二日受邀擔任香港中文大學「博群大講堂」主講嘉賓，在新亞書院戶外的圓形廣場，對上千名學生演講。晚霞滿天、秋風徐徐，講者認真，聽者凝神。

做一個終身的人類學家。人類學家，不會急著做價值批判；他一定先問「這是什麼」，「這是為什麼」；就是夜半叢林遇到鬼拍肩膀，他也要抓著鬼的衣袂飄飄，問清楚這鬼的陰界來歷。

素書樓

今天來到錢穆先生所創立的新亞書院，不得不想起與錢先生有交集的一個微小但是獨特的「當事人」關聯。

一九九九年秋天，我踏進台北市政府大樓，第一次擔任公職。大概三個月後就去視察兩個老房子——外雙溪錢穆先生的素書樓和陽明山林語堂先生的故居。

林語堂故居，是個非常美麗的有點地中海色彩的三合院，但是年久失修，我看到時就是個灰撲撲的房子，被當作一個沒人去的閱覽室，白蟻蛀蝕得厲害。

素書樓則是地盤下陷得非常嚴重。庭院裡錢夫人手植的草木依舊，小鳥在草地上蹦跳；從前錢先生與眾人講學的小客廳，書桌還在，但是牆壁空白了，留下當初掛過書畫的痕跡。

兩棟灰敗寂寥的老房子，曾經象徵民國時期的文化風範，在台灣「本土化」政治的大浪起伏裡，兩個人物退到社會記憶的邊緣，兩棟房子也荒涼了。

這種選擇式的遺忘，特別嗎？其實一點也不。在我一九五〇年代開始的求學過程裡，整個三〇年代的中國左翼文學在台灣是消失的，以至於我要到一九七五年到美國之後，才開始接觸到沈從文和魯迅的文字。而整個台灣本地在日本統治時期或者更早的文學，更是「屍骨不存」，好像在一九四九年國民政府來台之前，台灣沒有人讀書識字。

然而到我擔任文化局長的一九九九年，本土學已經從谷底翻身，變成「正確」的顯學，而代表民國文化的錢穆和林語堂就靠邊站了。所以我知道，政治是颱風裡的漂流木，隨著浪潮翻滾，而歷史，尤其是文化史，卻是大江大河，水要靜，流要深，我必須為長遠的台灣留下這兩棟寶貴的房子，房子是時代的目擊者，有溫度的。

我有兩個步驟，首先是取得了當時的市長馬英九的支持，把這兩棟房子的管轄權劃給文化局，然後編了兩千萬的整修預算，訂了修復計畫。也果然如預料，預算送到議會審查的時候，反對黨的議員猛烈抨擊，主要論點是，你怎麼可以用「台灣人」的錢去修

「中國人」的房子。

在台灣的民主發展裡，質詢慣常的是以侮辱官員的方式進行。但是為了獲得這筆預算，你可以說我甘之如飴。短短的時間內我已經發現，政治，就是公眾利益的「交換」遊戲，一種進退折衝的行為藝術。

在這門藝術裡，軟弱的退縮、沒有目標的忍讓，或是根本缺乏謀略，可能招來「踐踏」，使你的理想和主張完全落空；若是過度激進，圖一時之快或是只知「進」而不知「退」，結局多半是失去主流社會的支持，成為憤怒孤鳥。

我用受辱和忍耐換得兩千萬，素書樓和林語堂故居得到完整的修復。當時受屈辱時，固然覺得難以忍受，但是事成之後就是雲淡風輕。何況，我所承受的，和錢先生在九十五歲的高齡、眼睛已經瞎了、被迫遷出素書樓、三個月後過世，整個過程裡所受的糟蹋，無法相比吧。

鄉村師生

一九九〇年，錢先生遷出素書樓，我們看見的是一個出生在十九世紀末的讀書人，走到二十世紀末，如何被翻轉的時代粗暴地對待。基本上是新時代的政治人物把新時代的價值當作磚塊，拿在手裡，來打擊舊時代的讀書人；我相信錢穆一定深深記得他所經歷過的各個時代，他看過太多次價值的翻轉了，在價值不斷翻轉中去努力留住一個不變的核心，也正是新亞書院的起源。

錢先生十三歲在無錫蕩口鎮的果育小學受教，那個時代的社會是怎麼看待讀書人的呢？

他很尊敬、很懷念的一個老師，叫華倩朔，每個星期趁小舟在蘇州和蕩口鎮之間往返。從蘇州回到蕩口鎮的時候，老師的小船會穿過整個小鎮。

是日下午四五時，鎮人沿岸觀視，儼如神仙之自天而降。[1]

那是一九〇八年的中國，和平無事時鄉村一個鏡頭。

一九四四年，戰爭到最後關頭，蔣介石號召「一寸山河一寸血，十萬青年十萬軍」，激勵學生上戰場。當時作家王鼎鈞先生不到二十歲，和大批流亡學生一起搶著報名。國家立刻發給從軍的學生每人法幣一萬元。法幣一萬元是個什麼概念？是他們的同在流亡中的老師，十五個月的薪水。

青年學生覺得「國家的未來全在於我」了，一夜之間意氣風發，行為也馬上改變。抗戰時期的流亡學校都在鄉下，師生常常來來去去在田埂上相遇。

平素都是學生禮讓先生，這一次，從軍的學生把一位老師推到水溝裡去了……這天在街市中心遇見事務處的一個職員，學生攔住他，問他某一件事情辦好了沒有。他說還沒辦，太忙了，學生上前給他一個耳光。[2]

那是一九四四年的中國，時局混亂時鄉村一個鏡頭。

我的青春

我十三歲的時候——那已是一九六五年了，在台灣的鄉下讀書。校長說，「你的國語說得那麼棒啊」，就指派我每天升旗典禮時上司令台對六千個師生「恭讀總統訓詞」。

上了大學，大概是同一個原因，被指派代表一群大學生站到隊伍前面帶領呼口號：「大學生支持總統副總統連任」——那是蔣氏父子第五度的連任。

你若是問我：你帶頭呼口號的時候有沒有思考，你贊不贊成他們連任啊？

我會說，完全沒思考。放眼望去，沒看見任何反對的人、沒聽見任何反對的聲音，整個包圍我、籠罩我的社會氛圍都是那麼和諧的啊。我只聽見大人們和顏悅色地說我「聲音那麼好聽」、「國語那麼標準」……

我們穿著軍人一樣的學生制服，在每一個禮拜的週會裡，除了對總理遺像行三鞠躬禮之外，我們合聲朗誦「余致力國民革命，凡四十年……」，還要集體背誦「青年守則十二條」——你們說得出來是哪些嗎？

如果一個老師在課堂上突然沒頭沒腦地問，「生命的意義是什麼」，整班學生可能都會像順口溜一樣脫口而出說：「生命的意義在創造宇宙繼起之生命；生活的目的在增進人類全體之生活。」

那是蔣公的語錄。馬路上隨便攔下一個大學生，問他「你為什麼讀書」，他很可能不假思索地回答你：「為天地立心，為生民立命，為往聖繼絕學，為萬世開太平。」

思想換血

你說，這都是蔣介石的黨化教育嗎？我認為不那麼簡單。蔣介石的黨化教育裡深深滲透了儒家思想，尤其是王陽明的心學，好像奶油和麵粉揉在了一起。而我們這代人身上大量的儒家思想灌溉，也並非國民黨教育所專有。

我最近重讀福澤諭吉的傳記[3]，印象最深刻的就是十九世紀的日本是如何深深地「浸泡」在儒家思想的釀缸裡。福澤諭吉小時候，有一天他哥哥問他長大以後要做什麼，諭吉說，「要成為日本的大富翁，想怎麼花錢就怎麼花。」哥哥聽了把他臭罵一頓。於是諭吉就反問哥哥長大以後要做什麼。

哥哥很嚴肅地用一句話回答：「終身謹守孝悌忠信。」哥哥引用的是儒家經典。

一般人對「民主化」的認識，停留在表面上的大動作，譬如搖旗吶喊的選舉，譬如火爆的示威、靜坐、萬人遊行等等。其實民主化的過程裡，有很多表面上看不出來的事情在發生，像流在地底下的河，其中之一就是「思想換血」——從黨國統治的大虛構、大敘述裡設法釐清什麼是真，什麼是假，什麼是神話，什麼是歷史。也就是說，你試著把麵粉和奶油分開來理解。

這個過程，當然也發生在後殖民的社會裡。殖民者究竟灌輸了你多少虛構的世界觀、國家觀、奇怪的「愛國」主義，解放之後，你會設法一一去梳理。

把麵粉和奶油分開，這談何容易，更何況，在民主過程裡，因為自由發抒的空間突然變得巨大而人本身的理性素養暫時還不夠厚實，結果我們花大量的時間在彼此爭吵，相互攻擊，醜化對方。我們往往花百分之七十的時間在製造「虛議題」單單為了引發爭議，剩下百分之三十的時間在面對真正重大的議題做冷靜思考和深度討論。

「思想換血」因此進行得非常緩慢。

立足點在哪裡？

我們這一代人最特殊的際遇就是，在我們還來不及梳理清楚什麼是糟粕、什麼是精華，什麼該去、什麼該留、什麼該捧在手裡像「對待瓷器一樣的萬分珍惜」的時候，這個梳理本身已經變得彷彿沒有意義，因為全球化和網路化的時代突然之間已經像海嘯一般逼到了你的書房門口。我們突然發現：腳底踩的，只有不斷移動的流沙，沒有堅定的陸地。

全球化和網路化，瓦解了我們這代人以及我們之前的不知幾代人的價值基座。

也就是說，一個大浪打來，還沒站穩，下一個更大的浪頭已經壓過來把你打倒在地。從威權到民主的思想梳理工作還沒做完，全球化和網路科技已經把你正在做的課題給「掏空」了。你發現，在這個大浪潮時代裡，錢穆和林語堂——都像外星人了。

說得也許誇張一點，在這個「變局」裡，別說年輕一代不讀「經典作品」了，他根本不讀整本「書」了；他不相信理想主義了，不信任宏大敘述了，不接受「嚴肅」或「認真」作為一種人生態度了，不承認這世界上還有「神聖不可侵犯」的符號了，心目中沒有英雄了。對於上一代人的信仰覺得不屑了，「為生民立命，為天地立心」，變成可笑了，「娛樂至上」或者「娛樂至死」可以是一個理直氣壯的生活方式了。

二十世紀知識分子的「孤傲」的姿態、「凜然」的語氣，或者不屑流俗的神情，都變成可以用表情包去嘲弄、用「高大上」三個字就將之打趴在地的「不可承受的輕」了。

於是我們看見，川普當選以後，美國的知識分子想破頭的問題是「大眾為什麼走向反智」，歐洲的菁英在自己問自己：「自由主義究竟在哪一個關口走錯了」，而早在川普橫空出世之前，他們已經焦慮地喊出「權力的終結」、「國家的失靈」、「信任的瓦解」……不論是政治的、商業的、宗教的、文化的菁英或「領袖」，突然之間發現自己走在大街上，街上很熱鬧但是自己很孤獨，四顧茫然，不知道自己和群眾的關係是什麼，不知道自己的位置在哪裡。

價值革命，「流亡」

這是一個文化的價值革命。價值革命，必然造成流亡，任何的改朝換代都造成知識分子的「流亡」，有的是用腳出走，有的是精神流亡。但是這一次，並沒有改朝換代，卻是文化的價值革命。

我有一個非常「不倫不類」的聯想。

奧地利猶太裔作家史蒂芬・茨威格在二戰期間流亡到倫敦。他的流亡開始得比大多數歐洲猶太知識分子早，因為他在希特勒竄起初期就認為災難來臨。於是早到倫敦的他，就眼看著一批一批的知識分子流亡到倫敦，愈晚來的愈狼狽。他所接觸到的，都是作家、音樂家、畫家、學者、大企業家、銀行家……

他這樣描述這些落難倫敦街頭的舊時菁英：

> 我們在一座陌生的城市裡，在一個陌生的國家，最先去的地方不再和以前一樣是博物館、大自然，而是領事館、警察局，為的是去取一份居留許可證明。以前，朋友們坐在一起時，常常是討論波特萊爾的詩或熱烈地討論一些問題，而現在，我們突然發現自己討論的都是被盤問的情況、許可證的問題……在近來十年，去結識一個領事館小小的女職員，要比和托斯卡尼尼或羅曼羅蘭結下友誼更加重要。
>
> ……無論何種形式的流亡，本身都不可避免地會導致一種失衡。人一旦失去了自己的立足之地，就會失卻尊嚴，變得愈來愈不自信，愈來愈沒有把握。[4]

這個聯想「不倫不類」，是因為，二十一世紀全球化和網路科技所帶來的「革命」，它的「掌權者」完全不是茨威格所面對的國家權威和政治壓迫，而恰恰是一個跟它完全相反的東西：它是流動的、碎片化的、顛覆正統的、崩壞結構的、溶解並且腐蝕信任的一種巨大力量。

然而，我的聯想也並非完全的「不倫不類」，因為茨威格的流亡處境使得波特萊爾、托斯卡尼尼和羅曼羅蘭所代表的價值「哐」一下跌在地上摔成碎片，就如同今天被視為「菁英」或「古典」或「傳統」的價值。知識分子的心靈「流離失語」——在流動的新秩序中找不到自己的立足點——在抽象的意義上，和茨威格的處境，是類似的。

十三件事

講到這裡，你應該已經發現，我好像給錯了題目，「青春迷惘後發現的十三件事」，應該是「中年迷惘後發現的十三件事」。年輕人固然迷惘，你走到中年的迷惘，更複雜。

假設時間是一條流動的大河，今天的你們站在大河上游，我站在下游，已經走過中間的夾岸桃花也看過漩渦深處的黑洞；你們有一天會走到我今天的位置，那時我已不在，就如同當我走向素書樓去修復它的時候，錢先生早已不在。

可是在中年迷惘之後，我覺得我比從前更有能力理解錢穆。所以今天要跟你們分享的

今天要跟你們分享的十三件事，很可能要等你們親身經歷時代性的迷惘之後，才明白。

十三件事，很可能也要等你們親身經歷時代性的迷惘之後，才明白；所以今天就姑且聽聽吧。我會比較多地提到錢穆先生，作為我從素書樓走到新亞書院對他的個人致敬。

好，青春迷惘後龍應台發現的十三件事：

1 **不要跟第一個你愛上的人結婚**。但是不妨愛上你後來結婚的人。

2 **隨時準備對讚美你的人說：Thank you, No.**

如果有人對你說，因為「你特別棒，譬如聲音特別好聽、觀念特別正確、信仰特別純正，所以請你出來帶領呼口號」。說：Thank you, No.

3 **學會玩，培養幾個終身的嗜好**。否則，有一天你退休了或者工作被人工智慧拿走了，你就一無所有，是一口乾涸龜裂的池塘。世界上最窮的人，是一個不會玩、沒有嗜好的人。當你老的時候，就是一個最讓人不喜歡的孤獨老人，因為你像一支乾燥的掃把一樣，徹底無趣。

4 **年輕時找幾個求知欲強的人結成終身摯友**。愈老愈難交朋友，愈老求知欲愈低，所以，結交幾個求知欲強大的摯友，只有「青春正好」的現在可能做到。

擔任過清華大學校長的羅家倫在就讀北大的時候，曾經描述一個大學生的寢室：「他房間裡住了四個同學，一個顧頡剛，靜心研究他的哲學和古史，對人非常謙恭；一個狄君武，專心研究他的詞章，有時唱唱崑曲；一個周烈，阿彌陀佛在研究他的佛經；一個就是大氣磅礴的傅孟真……在高談文學革命和新文化運動。」[5]

大家都說大學四年是人生的「黃金」四年。我年輕的時候以為，這指的是，我們終於有了談戀愛的自由。後來發現，我錯了，戀愛隨時可以談，到老都可以，但是，人生中唯一的自由時段，容許你義無反顧、赴湯蹈火、全身燃燒地瘋狂求知，就只有這四年。這段時間一過，人生的種種責任像一條看不見的繩索，緊緊套住你，相信我，這一套就是一輩子。

5 一個人一株樹，把「孤獨靜處」當作給自己的獎賞。

錢穆教小學生寫作文，把學生帶到松林間的古墓群裡，要每一個學生選一株樹坐下來，然後開始孤獨地「靜」。片刻之後，他問學生是否聽見頭上的風聲？學生說沒注意。他要他們再度靜聽。過一會兒，他跟學生說，這裡上百株松樹，風穿松針而過，松針很細，又多空隙，「風過其間，其聲颯然，與他處不同，此謂松風。」

我喜歡看星星。不看星星的人以為，只有在特定的日子，譬如流星雨，才看得到流星。事實上，任何一個晚上，你挑一片沒有光的草原，躺下來凝視天空，只要凝視得夠久，你就會發現，流星很多、很多，每天都有。

離開青春校園之後，你會踏上一條電扶梯，電扶梯有個名字叫做「努力」。這個電扶梯一直往前，不斷向上，沒有休息站，沒有迴轉站，沒有終點站。在名為「努力」的電扶梯上，你的心不斷地累積灰塵，努力和忙碌的灰塵，一層一層在不知不覺中厚厚地蓋住你青春時明亮如清水的那顆初心。

唯一可以除塵的時刻，就是你孤獨靜處的時刻。

流星其實一直在那裡，誰看得見、誰看不見，唯一的差別只在於：你有沒有為自己保留一片孤獨寧靜的田野。

6 華歆還是管寧，是有選項的。在沒有聲音的時代裡，多做華歆；在聒噪喧譁的時代裡，多做管寧。

一九四四年底蔣委員長發表《告知識青年從軍書》，王鼎鈞和很多同學讀到文告，邊讀邊放聲大哭，眾人哭成一團，大家決定立刻投筆從戎。

那天其實是個正常上課的日子，他在外面和摩拳擦掌的同學奔走了一整天，然後「頭上冒著蒸汽」、熱血沸騰地回到教室。一進教室，他看見「冷冷清清、空空洞洞的教室裡有三個女生、兩個男生，伏在書桌上鴉雀無聲、文風不動。」[6]然後很快地，那些熱血學生因為意見分歧，開始分派，「造反派」和「保皇派」陷入激烈鬥爭、打架，打得昏天黑地。

六十年以後回顧歷史，王鼎鈞說，那段歲月，給自己留下了不可磨滅的印象的，是那幾個「在騰騰殺氣中守著那方寸清淨，晨讀晚修，分秒不輟」的人。

一九三七年，北大文學院遷到湖南南嶽衡山。錢穆跟馮友蘭吵了一架。學校有兩個學生決定輟學去延安，學生開歡送會。馮友蘭致詞，對兩個學生備加讚許。輪到錢穆致詞，他竟然對那兩個被馮友蘭大大讚美的學生不假辭色，反而勉勵那些留下來繼續讀書的學生，說，國家所需要的棟梁是「努力求知」而「未來有用」的人，現在沒有得到知識的青年根本不是「棟梁」。

回到宿舍之後，馮友蘭對錢穆說，勉勵學生讀書可以，但你不該責備那兩個熱血學生。錢穆反駁說，你怎麼可以又認同學生應該讀書，又讚美學生輟學去延安。這是模稜兩可，是非不分，「余決不以為然。」

熱情奔放，本來就是青春的特徵，當然是天經地義的，美好而值得愛惜，但是要發燒的時候，不妨先自澆一桶冰水，冷一片刻，再做決定。大家知道《世說新語》裡「管寧華歆」的故事[7]。兩個人一塊讀書，外面一有風吹草動，華歆就跑出去看了，管寧跟他「割席」而讀。最後兩個都很有成就。

不是說不能做那個放下書本去湊熱鬧的華歆——我自己就比較是個不專心的華歆吧，但是你至少得知道，這世界也存在「八方吹不動」的管寧一個選項。

7 為了「正義」，衝出去。衝出去之前，先彎腰綁個鞋帶。綁鞋帶的時候，你就有半分鐘可以想幾個問題：

「正義」和「慈悲」矛盾時，你怎麼辦？兩種「正義」牴觸時，你怎麼辦？

譬如在饑荒的時候，你看到一個骨瘦如柴的少年搶一個老婦人手裡的一小袋米，老婦人摔倒在地上悲傷地哭泣，而少年，因為飢餓，他的腿浮腫，幾乎站不住，全身發抖，也拿不住米袋。

逮捕那個少年是不是正義呢？

譬如你旅遊時當街被搶了一百塊錢；你可以指認那搶你的人，可是你也知道在那個國家裡，搶劫一百塊是要被槍斃的。你要不要指認？

譬如，對一個惡人沒法可治，於是索性用另一個惡人去打死他，這是不是正義呢？

譬如，一個政黨清算另一個政黨曾經犯過的罪，但是為了達效而使用不符合程序正義的手段，你接不接受這個正義？

譬如，如果正義其實夾雜著偽裝的復仇，你該不該支持呢？

如果正義同時存在兩種，而且兩種彼此尖銳牴觸，那麼正義的最終依靠究竟是什麼，你有沒有個定見？

如果鞋帶綁好了而對這些問題你一概不知答案，那就……再綁一次鞋帶？

8 **真有本事的話，方和圓不矛盾。**

蔡元培在一九一七年開始擔任北大校長。那一年學校裡有個聰明又認真的大二學生叫做傅斯年。他發現教文心雕龍的那位老師不太懂《文心雕龍》，錯誤很多，學生就商量怎麼把情況告到校長那裡去。

你覺得學生應該怎麼進行舉報？

首先要有證據。聽課做的個人筆記不能當作客觀證據，於是有人輾轉取得老師的全本講義，交給傅斯年，傅斯年一夜看完，摘出三十九個錯誤，作為呈堂供證，由全班簽名上書校長。

這是學生集體對付老師了，你覺得校長蔡元培應該怎麼處理這個衝突？

傅斯年自己也正在思考這個問題。學生們判斷，校長有可能懷疑這三十九個挑錯不是來自學生，所以學生就組織起來，分組備課，把三十九個錯誤的說明模擬個清清楚楚，等著校長召喚。

果然，蔡元培擔心這個行動會不會是教員之間的攻訐，學生只是棋子。他把傅斯年和其他學生全部找來校長室，針對那三十九個錯，當場一一考試，學生對答如流。

接下來呢？校長立刻給教授難堪？或者看見校長不立即處置，學生開始鼓譟？

結果是，蔡元培按兵不動，學生也耐心等待，那位老師繼續上課，但是調課的時間一到，老師就被調走了。

這件事，無處不是尖銳的衝突，無處不是可爆燃的乾柴，可是你看到幾件事：一、學生冷靜地準備證據，二、學生信任而耐心地等候結果，三、校長依證據辦事，四、校長做到改革的結果卻又未傷人尊嚴。

真的有本事、有自信的人，做得到「外圓內方」。

9 **容忍比自由重要，真的。**

年輕的時候，譬如寫《野火集》的時候，當我說「容忍比自由重要」，那是對權勢者說的，呼籲掌權的人對異議者、反對者要容忍。

這句話，對今天的掌權者，還是要不斷地說，不斷地說，不斷地說。

但是同時，「青春迷惘」之後，發現很多異議者、反對者，即使身在牢獄也相信自己擁有強大的道德力量，而正是這分對自己道德力量的強大自信，既支撐了他，也同時使得他往往對與他意見不合、他自己的異議者無法容忍。

從青春走向初老的路上，看到太多曾經被壓迫的反對者以「自由」的旗幟來排斥反對者的反對者。也就是說，我的「中年迷惘」其實就重複了胡適之的發現，他在一九五九年《自由中國》的十週年紀念會上回答殷海光的問題，說，他主張容忍比自由重要，不僅只是對壓迫言論自由的人說的，也是對「我們主持言論自由」的人說的。

容忍是雙方面的，絕非單方面。

10 **下山比上山難，下台比上台難，退場比進場難，結束比開始難。**

在新亞書院戶外的圓形廣場，對上千名學生演講。晚霞滿天、秋風徐徐，講者認真，聽者凝神。

我才剛剛去登了屏東的大武山，三〇九二公尺。上山的時候，雖然艱辛，大家還可以邊走邊笑邊看風景。下山的時候，卻一片安靜，因為你要看著你的腳每一步落在什麼地方，每一個石頭都是滑的，每一塊土都可能鬆塌，一不小心就會墜落山谷。

同樣一條山路，下山需要上山好幾倍的注意力。

至於下台和退場，曾經在台灣一次大型的群眾示威運動裡，這個我很尊敬的發起人在風起雲湧的時候曾經來邀請我加入。我說，我百分之百支持你的主張，但是請問，你的退場機制是什麼？

他很誠實地說，沒想。

我倒是愣住了。沒想？那麼那些熱情澎湃的群眾，為了一個理想而站出來的善良的人們，留在廣場上，日子久了，太陽曝曬、風雨交加，然後上班上學的人開始對他們抱怨的時候，怎麼轉彎？當他們最後被狡猾的權力打敗的時候，你豈不是毀了他們最純潔的信仰？

他沒法回答我，他還在忙著進場的布局。

進，需要勇氣；退，需要智慧。缺一不可。

11 做一個終身的人類學家

人類學家，不會急著做價值批判；他一定先問「這是什麼」，「這是為什麼」；就是夜半叢林遇到鬼拍肩膀，他也要抓著鬼的衣袂飄飄，問清楚這鬼的陰界來歷。

如果我們對所有我們堅決反對的事、仇恨的人、無法忍受的觀念、不共戴天的立場，都有一個人類學家的眼光，在決定要反對和仇恨之前，先問清楚「這究竟是什麼」，「你這是為什麼」，整個世界可能完全不是你所想像的。

小王子畫了一頂帽子，如果你願意打開，你會發現裡頭其實是一隻大象，如果你願意看得更深一點，原來是一頭被蟒蛇吞在肚子裡的大象。

一七五六年在歐洲開始的七年戰爭，一方的法國死了二十萬人，另一方的普魯士死了十八萬人。當法國的軍隊打進了法蘭克福、法國占領軍進駐歌德家的時候，歌德還不到十歲。歌德一家人，跟占領軍之間，不該是一個你死我活、相互仇恨的關係嗎？

可是，真正發生的卻不是這樣的。這個法國的指揮官，在歌德家看見了當地藝術家的作品，開始問，「這些藝術家在哪裡？我想認識他們。」他熱愛這些敵國藝術家的作品，在藝術的面前，國界突然毫無意義。而小小的歌德，對七年戰爭最重要的記憶，竟然是一個敵國軍官對藝術的尊重，而他自己的美學啟蒙，竟然來自一個他應該要仇恨的敵人。

只要懂得先問「這是什麼」、「這是為什麼」，你就會發現，帽子裡面其實有大象、戰爭裡面其實有遠比戰爭重大而長久的價值。

12 帶著溫情與敬意面對歷史，也帶著溫情與敬意理解現實。

錢穆在戰爭時期為青年人寫《國史大綱》，說，對自己的歷史有所知的人，必然會有一種對歷史的「溫情與敬意」。

我接受他這句話。為什麼要有溫情與敬意？對於歷史懷有「溫情」是因為，你看到了前人的傷痛之處；保持「敬意」是因為，你懂得了前人的艱辛之處，也就是一種跨時空的設身處地。

我們今天所堅定信奉的「是」，將來可能變成下一個世代所鄙視的「非」。如果沒有一種懂得，沒有溫情和敬意，下一代人也可以傲慢地、自以為是地拿他的「是」作為磚塊來砸你的「非」。

就是對於現實的種種撕裂和對立，也不妨以多一點的溫情和敬意去理解，溫情和敬意並不抵銷對真理的探求，它反而增加了真理的深度和厚重。

13 **一定要維持「獨立之精神，自由之思想」**[8]，如果你的男友或女友深情款款地跟你說，「我想完完全全地擁有你」，不要遲疑，馬上逃走。

如果你自己對你的男友或女友這麼說，那麼……綁個鞋帶吧。

13.5 **青春的時候，盡量享受愛，享受性，享受知識。白天比黑夜長，所以享受知識超過性。**

1 錢穆《師友雜憶》，一九八三，東大圖書。

2 王鼎鈞《怒目少年》，二〇〇五，爾雅出版。

3 福澤諭吉是日本明治時代的啟蒙大師，於一八九九年出版《福澤諭吉自傳》。

4 出自史蒂芬·茨威格（Stefan Zweig）自傳《昨日世界》，亦是他生命中最後一本著作，初版於一九四二年。

5 羅家倫〈元氣淋漓的傅孟真〉，《逝者如斯集》，一九六七，傳記文學出版。

6 同前註2。

7《世說新語·德行》原文：管寧、華歆共園中鋤菜，見地有片金，管揮鋤與瓦石不異，華捉而擲去之。又嘗同席讀書，有乘軒冕過門者，寧讀如故，歆廢書出看。寧割席分坐，曰：「子非吾友也。」

8 一九二九年陳寅恪為「海寧王靜安先生紀念碑」（王國維）所撰碑銘之句子。

什麼都不相信之後

二〇一八年一月十一日《天下雜誌》舉辦「科技、全球化與人類的未來」論壇，與會者為全球企業家、學界與政界人士等。龍應台受邀在壓軸閉幕演講，提出在資訊爆炸的年代，「不信任」是一個全球性的問題，世代之間不是分水嶺，是斷崖。

令我沉思的是：

誰說網路世代比我們不在乎道德、不講究責任呢？

不相信的時代

首先跟大家分享我不久前收到的一封讀者來信：

正在當兵的我，每天看到國旗冉冉升起，總覺得很矛盾。我不是應該心裡充滿驕傲的心情，看著代表國家信念的象徵嗎？可是，社會好像又告訴我，這個國旗是錯的。我有個同學更錯亂。他在忠烈祠服役，他說他看到那些為國犧牲的事蹟，很感動，可是，好像又有人說，那個歷史是不正義的。我發現我已經變成一個什麼都不相信的人了。看新聞我不相信新聞。看政府我不相信政府。聽政治人物動嘴巴我不相信他嘴裡吐出來的任何一個字。但是我應該相信什麼呢？別國的年輕人也有同樣的問題嗎？

怎麼回答他的問題呢？讓我們來看看「別國」的狀況。**圖一**呈現的是，美國人對於報紙、電視新聞、國會，以及公立學校這幾個體制的信任程度，從一九七三年的近乎百分之六十，一路降到二〇一四年的百分之三十以下。

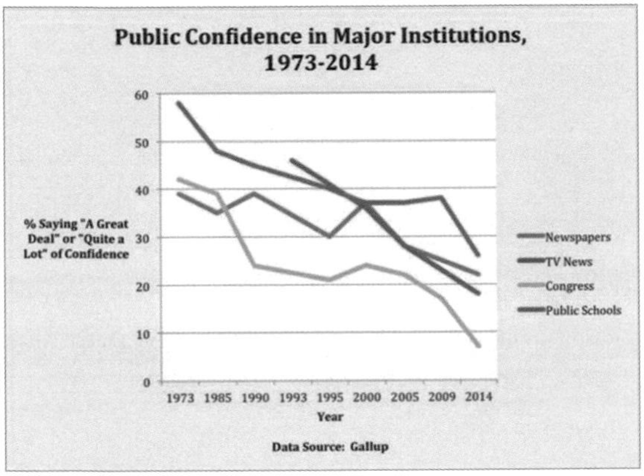

圖一（資料來源：Gallup）

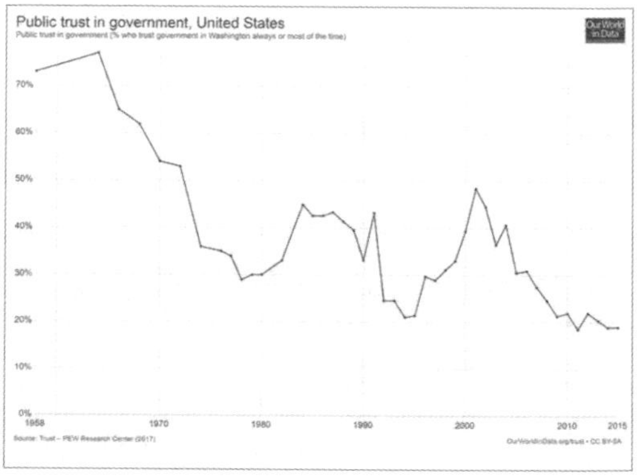

圖二（資料來源：Our World in Data）

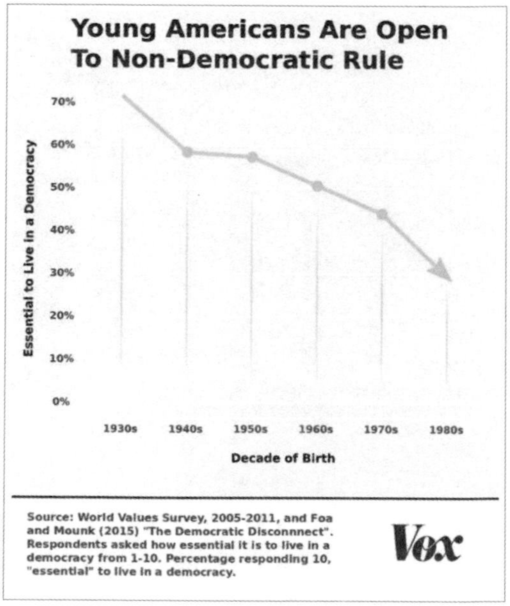

圖三（資料來源：Vox.com）

圖二告訴我們，美國人對政府的信任，從一九五八年的超過百分之七十，到二〇一五年已經落到百分之二十以下，這還在川普上台之前。

圖三是以世代來看價值觀。「你認為民主體制對你的生活是重要的嗎？」一九三〇年代出生的一代，百分之七十以上認為重要，然後逐代遞減，一九八〇年代出生的人，只有不到百分之三十的人認為重要。

而台灣自己呢？二〇一四年主計處做過委託調查，結果是這樣的：對媒體的不信任度達到了百分之七十四・九，而對於台灣當前的「行政機構」，不信任度是百分之五十九・五，對於「司法部門」的不信任度是百分之六十四・七，對於「立法機構」的不信任度是百分之七十・八。

對現有體制不信任，是二十一世紀的時代特徵。而所謂對體制的不信任，相當一部分就是年輕一代對掌有話語權、教育權、管理權、決策權的上一代人的不信任、對菁英層的不信任、對專業權威的不信任。

我自己就屬於那被不信任的一代。聽說今天在場的聽眾多半是超過四十五歲掌有權力的企業「老闆」們，那麼也許可以說，「我們」就是被新世代不信任的一代。

不信任成為全球趨勢，和全球化與新科技有直接的因果關聯。因此，作為大會的閉幕，我想提出來讓大家帶回去思索的是：全球化和新科技帶給了我們一個極端分化、世代不信任的社會，而我們同時又都知道，「信任」是一個民主社會非常重要的社會資本，缺了這個關鍵的社會資本，民主制度很難走下去。

所以，面對不信任的危機，我們能做什麼？

不信任，有沒有道理？

首先，年輕世代對我們不信任，有沒有道理？

我回想第一次明確感受到網路世代和我這代人的差別，和衣服有關。有一次在巴塞隆納的街上，十七歲的兒子陪我逛街，當我一時興起要跨入一家國際連鎖店的時候，他一把拉住我，說，「這種店，不要去啦。」

我問他為什麼。

他說，你看，七．九九歐元一條牛仔褲。你要想到「廉價」的幕後是什麼：生產一條洗白牛仔褲要用掉八千公升的水，三公斤的化學物，四百ＭＪ的能量。還有，那七．九九，廉價到這個程度，你可以想像廠商給東莞工人的工資有多低。

我連ＭＪ是什麼都不知道。好，他跟我解釋，ＭＪ是一個熱值單位，就是「兆焦耳」，mega joule。什麼叫兆焦耳？他耐心地說，一焦耳是用一牛頓力把一公斤物體移動一公尺所需要的能量。

我就不太好意思問，什麼叫牛頓力了。

這樣的生活小細節，卻讓我心裡一驚：我們之間有世代差異。

我的父母一代人，經歷戰爭和貧窮，他們是用布去裁剪衣服的一代。剩下的布塊要拿來縫成百衲被單，剩下的碎布，要拿來納成鞋底。我的來自湖南的父親就是懷著他母親親手用碎布納成的鞋底流浪天涯的。

我這一代人，穿制服長大，一套白衣黑裙制服穿三年；對於衣料的品質、服裝的美感，是接觸不到的。因此服飾的美，幾乎從來不在我的思慮之中。

一條七．九九歐元，也就是三百二十塊台幣的牛仔褲，十七歲的青少年可以用非常實際的知識來「教訓」我，是因為網路科技所給予年輕世代的，不僅只是無邊無際雜亂無章的資訊，它同時也提供了一個形塑價值判斷的大海般的知識基礎。他不「一時興起」地踏入消費，而選擇在事前做功課：研究物品的履歷、看它的製作過程是否違背道德，分析它的材料和品質、判斷它是否與價錢相符；他們在檢視這是不是一個誠實的產品，然後決定支不支持。

令我沉思的是：誰說網路世代比我們不在乎道德、不講究責任呢？網路新科技給了他們一個知識庫，可能使得他們比我們這一代人有更多方位的知識，更寬闊的全球視野，他們可能比我們更有能力去實踐道德責任。

然後我開始檢討自己：我曾經代表體制。文化部是負責創意產業的，創意產業包括服裝設計（雖然在行政上設計還歸給經濟部），但是以我的養成，來自一個對服裝沒有感覺、沒有知識的時代和環境，如果我又不謙虛地去認識新的世界，不知道全球化和科技已經改變了生產的邏輯，而我卻是那個有權力為服裝設計做產業政策的人；那麼，二十歲的人對我不信任，他完全沒有道理嗎？

讀書的影像

我曾經問我的父母：你印象中青少年的我，是什麼影像？

他們的回答不必猜就知道：白衣黑裙短頭髮，坐在書桌前抱著書讀。

我的兒子們留在我腦海中的青少年影像，卻是：半躺在床上，膝蓋上一台電腦，手上是手機，頭上掛著耳機，床上還有一個Kindle（電子閱讀器）。所有的機器，都是開的。

我對網路「怪物」是有偏見的——網路世界充滿了垃圾，即便不是垃圾也是大海般的碎片資訊，哪裡有任何深度可言？當我們這一代的人相聚時，我們的說法是，年輕人不讀經典了，年輕人根本不讀書了，他們拒絕深刻，拒絕思想，拒絕專業，他們拒絕權威卻自己又什麼都不知道。我們抱怨的是，你明明可以到深海中游泳，但是你卻願意全身浸泡在沙灘上的泡沫裡。

這絕對不是假的。台灣的出版產業在五年內掉了四成，是一個慘澹的現實。然而，這個偏見，也被推翻。有一次，我看見兒子一整個星期都在聽耳機，走著坐著躺著，在巴士站等車時，都在聽耳機。我終於忍不住問他，傢伙你到底在聽什麼。

他在聽整本吉朋（Edward Gibbon）的《羅馬帝國衰亡史》。這是一本我放在床頭但是一直沒有時間讀的書。

我的發現是：你沒看見他穿著制服坐在書桌旁苦讀一本厚厚的書，不代表他不讀書。一個耳機掛了一整個禮拜的年輕人，事實上已經讀了我這個「大人」放了六個月都還沒有翻開的書。

不看書，不代表不讀書。他聽書。

我曾經代表體制。出版產業就是我的管轄範圍。如果說，我這個嬰兒潮世代的人，完全不清楚科技如何改變了知識生產、知識傳播、知識消費的基本原理，而我又是個決策者、管理者；那麼，年輕世代不信任我，他完全沒有道理嗎？

全球化和科技化已經徹底改變了知識的生產和傳播方法，也因而改變了人的行為和價值觀的形成，過去的標準已經無法拿來理解新世代、衡量新世代了。

斷崖的兩邊

一般都說全球化和網路科技是一個分水嶺，可是分水嶺是可以跨越的，我其實更覺得我們面臨的是一個斷崖，斷崖把這個世界分成兩邊兩代人：「數位原生代」——就是千禧世代、網路世代，和「非數位代」——包括了所謂X世代、嬰兒潮世代、安靜的世代。

在這個信任的社會資本已經嚴重淘空的時代裡，我們作為掌有決策權、教育權、管理權的一代——不論是學校的老師、媒體的評論家、企業老闆、政治領袖，已經走到了一個斷崖邊，我們如果不「脫胎換骨」地去認識這個新時代的革命性，我們就要掉到斷崖下面去了。

這兩個世代的成長認知差距究竟有多大？讓我們做一個快速的歷史倒帶。

一九五二——

我出生的那一年，報紙的頭條新聞幾乎每天都是同一件事：韓戰。聯合國帶領十六個國家組成的軍隊、四十一個國家提供的物資，進入朝鮮戰場和北朝鮮與中國的軍隊作戰。三百萬人喪生。

在中國大陸，鎮壓反革命運動剛剛要結束，官方紀錄說，已經殺了七十一．二萬人，非官方資料說，兩百萬人遇害。

在台灣的五〇年代初，軍事法庭審了三萬多個案子，一九五二年是槍斃匪諜的高峰。

美國正在鬧麥卡錫主義，制度性地迫害被認為有左傾跡象的知識分子。同時美國發射了第一枚氫彈，比原子彈的威力超過一千倍。第二年就輪到蘇聯發射。

我出生的這一年，什麼疾病都有。小兒痲痺在美國爆發，那一年死了三千多個人，五萬七千個孩子癱瘓；疫苗還沒產生。孩子們被放進一個所謂鐵肺（Iron Lung）去治療，一輩子鎖在一個鐵桶裡。

霍亂、瘧疾、傷寒，不是課本上的抽象名詞，是真正發生在身邊的病。我三年級那一年，霍亂爆發，學校突然解散回家。再開學時，班上幾個同學永遠地消失了。

一九六二——

十歲的我，住在高雄港。放學途中，每天看見美國水兵從軍艦上下來，衝上七賢二路，滿街追著酒吧女，酒吧女掀起他們的帽子，擰在手上逗弄。我不知道的是，那一年美國開始轟炸越南，不斷增兵。我見到的瘋狂水兵，其實是美國的青年，從越南戰場來到高雄港口休假，過幾天醉生夢死的生活，然後回到不知還可以活多久的殺戮戰場。

我當然也不會懂得，古巴危機正在發生，差一點點就要爆發第三次世界大戰。我也不知道，柏林圍牆就在幾個月前一夜間豎起，想翻牆過去和家族相聚的人當場被射殺在牆頭。

一九六二年，我的父母接到一封神祕的信。他們在一九四九年失散的兒子，現在十五歲了，親筆寫的信，輾轉傳來，說，他可以從內陸徒步逃亡到香港，如果爸媽可以到香港去接應他。

父母躲在關了燈的廚房裡，用手電筒偷偷讀信，竊竊私語。他們當然沒有任何能力去香港，把信藏起來，連回信都不敢。

我不知道的是，一九六二年，大躍進引起長達三年的大饑荒，造成大逃港。十幾萬人跋涉到香港的邊境，當年四月，每天有好幾千人偷渡進入香港。原來失散的大哥就是想要大逃亡的一個少年。成千上萬的人留了下來，更多的人被英方遣返。香港人不捨地看著這些被遣返的同胞，拚命往遣返卡車裡丟食物。

一九七二——

二十歲，是人格的定型期。如果「不信任」的政治文化有一個起點，美國人可能會說，一九七二年就是一個歷史起點；這一年，二十世紀最重大一樁政治醜聞開展了——水門事件。[1]

一九七二年，我們用電腦查找資料嗎？沒有。我們的論文是用打字機一個字一個字打出來的。你知道一九七二年最炫的新科技是什麼嗎？第一個手持計算機HP-35[2]，一支多少錢？三百九十五美元。我當年做家教，一個月的薪水是六百元台幣。

我們用電子郵件嗎？不，我們寫信。親筆寫信，然後騎單車到郵局，向坐在玻璃窗後面的老伯伯買五顏六色的中華民國郵票，貼在封口印著「反共抗俄」標語的信封，走到巨大的紅綠郵筒，投信，然後就開始每天等候穿著綠衣服的郵差騎單車的鈴聲來到你家的門口。

嬰兒潮世代出生在倉皇貧窮的戰後，陪伴我們青少年時期的重大影響第一是戰爭：韓戰、越戰，尤其是非常影響思想和意識型態的冷戰。冷戰的束縛和定型，使得我們這代人對全球化的理解和接受，相對困難。

第二是貧困，貧困塑造出來的美德是儉約樸素，和為了掙脫貧困所激發出來的奮發圖強。所有的美德都可以倒過來看，儉約樸素，倒過來就是缺乏美育和創意的自由想像；奮發圖強倒過來，就是生活選擇的單調與固執。

數位嬰兒

時代的背景塑造我們對世界的認知、看事情的眼光和總體的價值觀。今天二十歲的人，出生在一九九七年。如果我們這一代人的背景是韓戰、越戰、冷戰，一九九七年出生，是個什麼樣的時代？

你也許想到的是香港回歸中國，或者黛安娜王妃車禍喪生。但比這些事更意義深遠而重要的，我認為，是Deep Blue（深藍電腦）。[3]

IBM的Deep Blue在一九九七年打敗了世界棋王卡斯帕洛夫（Garry Kasparov）。一場棋賽，宣告一個新時代的來到：機器打敗了人腦。

我們的十歲，一九六二年，是古巴危機，是越戰，是大饑荒、大逃港，那麼在二〇〇七年滿十歲的人，在一個什麼樣的世界裡長大？

我當然不是在說，二〇〇七年羅馬尼亞和保加利亞加入了歐盟，也不是在說聲樂家帕華洛帝過世。我在說一件革命性的大事：

iPhone在二〇〇七年出世了。

專欄作家佛里曼[4]認為，二〇〇七年是一個歷史關鍵年分；這一年，臉書和推特真正的拔地而起；這一年，Airbnb（全球民宿訂房網站）誕生；這一年，Kindle出現；這一年，Android系統宣布了，它使智慧手機變成人人都可以擁有的資訊武器。雲端、4G、App，加上全球化帶來的國際秩序大變、氣候變遷造成的地球質變，每一項都是二〇〇七年的大革命。

現在二十歲的人類，出生在電腦贏了人腦的數位時代，成長在大數據幾何式飛躍的革命時期，他們一睜開眼看見的世界就和之前所有還活著的世代——X世代、嬰兒潮世代、無言世代，不一樣。

現在的代差，是數位代差。數位代差的意思是，「我們」和「他們」活在兩個平行的氣泡裡，沒有交集。兩代人獲取知識、形成判斷、養成價值的途徑，已經截然不同。

權力支點大挪移

我們這一代掌權的人，必須要認識到一個根本性的變化：就是權力位置的大挪移。

從前很多的價值建立在有「門檻」這個前提上。

要獲得知識，要有能、或有錢、或有身分作為門檻；網路卸下了門檻，人人可以獲得知識，於是你發現，如果你曾經是啟蒙者，啟蒙者的社會角色不見了。人人都掌握某塊的知識，庶民變成網民，網民與菁英平等，你這個啟蒙者變成笑話。

要發揮影響力，要有平台、或有權力、或有長年累積的實力作為門檻；網路拿走了門檻，人人都有機會搭建自己的平台、取得權力，然後把權力轉化為實力。他不一定需要長年的累積，只需要一點對時機的透視力或者恰恰好的個人魅力，他就變成「網紅」，「網紅」和意見領袖平起平坐，甚至影響力更大。

要掌有權力，要依靠知識、或智慧、或技術，或者某種資源的壟斷，可是全球化把「國家」這個權力機制給繳械了，網路化把總統、國會、政府、法院、學校、媒體、大企業、教派、名教授、大知識分子，所有曾經掌握話語權力的菁英及菁英體制，都給扯下了寶座。

在新的結構裡，有權力的，是群眾，不是菁英；有影響力的，是網民意見，不是專業知識。

這是好的嗎？

群眾掌權，群眾對體制沒有信任、對上一代沒有信任、對決策者沒有信任、對專業知識沒有信任、對菁英沒有信任，這，是好的嗎？

二〇一四年，俄羅斯占領了克里米亞。政治學者針對二千零六十六個美國人做了一個比對調查，他們問兩個問題：一、請他們在世界地圖上指認烏克蘭的位置。二、問他們是否贊成美國轟炸烏克蘭。

調查的結果是：一、只有六分之一的人指得出烏克蘭的位置。二、愈是不知道烏克蘭在哪裡的人，譬如有的人認為烏克蘭在拉丁美洲，愈是主張出兵。

二〇一五年，一個政策民意調查問了另一個問題：你是否贊成轟炸阿格拉巴（Agrabah）。結果：民主黨支持者百分之十九贊成轟炸，百分之三十六反對；共和黨支持者剛好相反，百分之三十三贊成轟炸，百分之十三反對。

這麼重大的外交及國防政策，選民的態度很明確吧？問題是，這個轟炸目標阿格拉巴，是迪士尼電影《阿拉丁》裡頭一個虛構的國家，它不存在。也就是說，選民充滿自信、斬釘截鐵地表達見解，做政治決定，對一個完全不存在的地點。

我想用美國學者尼可斯[5]的說法來回答這個問題，不信任，是好的嗎？

他說，美國人已經到了一個地步，把無知捧成了美德。把拒絕相信專家說法，視為「獨立思考」。

他說，「這是件很嚴重的事。社會會進步，是因為精深的、累積的專業，使得我們敢去信任菁英、專業，認為他們可以帶來社會進步。當這個信任不在了，民主和專業就會崩壞，因為民主機制的菁英們就不會願意陷入一個泥沼裡與知識破碎而聲音卻又特別大的群眾一再糾纏，他們會選擇退出。那個時候，專業就不再是為社會公益服務的了，而是，誰有權、誰有錢，就去買他要的專業。這個結果，其實已經來到眼前。」

一顆眼淚

全面的不信任，當然是不好的。如果網路科技帶來的只是反菁英、反專業、反體制的民粹，當然是危險的。

因此，我們可能希望告訴年輕的網路世代：你看，眼淚，是水和鹽組成的。但是，當你用科技把水和鹽加到一起，放進一個玻璃瓶，請問，這是一顆眼淚嗎？

當然不是。水加鹽永遠不會等於一顆眼淚。新科技再怎麼神奇，它取代不了思想；人工智慧再怎麼超前，它產生不了情感。水加鹽，不是眼淚，因為它沒有心的激動。

因此，我們會希望跟網路世代說：你必須從你的同溫氣泡裡出來，和「我們」的歷史經驗以及代代相傳的專業積累做銜接，否則單單是全球化和新科技，不會給人類社會帶來幸福。

問題是，如果「我們」這些管理者、教育者、決策者、評論者、掌權者，自己其實也處在一個同溫氣泡裡呢？

如果「我們」根本不理解科技如何改造了知識生產，如何重塑了人際關係，如何顛覆了基本價值結構，如果我們自己不理解網路世代的邏輯，我們怎麼可能跟他們對話呢？

如果我們自己心中充滿對新時代的無知和對新世代的偏見，我們怎麼開啟重建信任的工程呢？

面對全球化和新科技的排山倒海而來，我深刻覺得「我們」這幾代人，站在斷崖邊，要不就學會搭橋，要不，就掉下去。

1 一九七二年美國共和黨人潛入華盛頓水門大廈，刺探民主黨的競選情報，被時任的共和黨總統尼克森試圖掩蓋真相並阻止調查。事件被揭發後，尼克森總統於一九七四年八月辭職下台。

2 一九七二年美國惠普科技公司推出世界上第一種手持式計算機。它可以顯示十位數字，擁有三十五個按鍵而得名HP-35。

3 Deep Blue「深藍」源於電腦科學家許峰雄研製的Deep Thought「沉思」，專門計算分析西洋棋步的電腦。一九八九年IBM成立Deep Blue計畫，幾經改良升級，終於在一九九七年第三度對奕世界棋王卡斯帕洛夫，擊敗了人腦。掀起未來人工智慧趨勢發展。

4 湯馬斯・佛里曼（Thomas Friedman），一九五三年出生，美國新聞記者、《紐約時報》專欄作家，拿過三次普利茲獎。著有《了解全球化》、《世界是平的》、《世界又熱、又平、又擠》等書。

5 湯姆・尼可斯（Tom Nichols），一九六〇年出生，美國國際關係學者。二〇一七年出版《專業之死：為何反知識會成為社會主流，我們又該如何應對由此而生的危機》。

圖片授權

頁064　胡適紀念館
頁087　達志影像
頁096　中央社／郭日曉攝影
頁132　達志影像
頁134　達志影像
頁141　達志影像
頁179　達志影像

龍應台作品集 10

沙漠玫瑰，怎麼開花——龍應台演講集（上）

作　　者	龍應台
圖片提供	龍應台
編輯副總監	何靜婷
主　　編	尹蓓芳
封面設計暨內頁編排	陳文德
董 事 長	趙政岷
出 版 者	時報文化出版企業股份有限公司 108019 台北市和平西路三段二四〇號七樓 發行專線（02）23066842 讀者服務專線 0800231705（02）23047103 讀者服務傳真（02）23046858 郵撥　一九三四四七二四 時報文化出版公司 信箱　一〇八九九 台北華江橋郵局第九九信箱
時報悅讀網	http://www.readingtimes.com.tw
法律顧問	理律法律事務所 陳長文律師、李念祖律師
印　　刷	勁達印刷有限公司
初版一刷	2023年5月12日
初版二刷	2023年7月20日
定　　價	新台幣420元

沙漠玫瑰，怎麼開花——龍應台演講集（上）/
龍應台作. -- 初版. -- 臺北市：
時報文化出版企業股份有限公司, 2023.05
面；　公分. -- (龍應台作品集；10)
ISBN 978-626-353-735-4 (平裝)

078　　112005112